CURA
ENERGÉTICA

Copyright © 2023 Mandy Morris Coaching International LLC
Publicado originalmente em 2023 por Hay House Inc. USA

Copyright da tradução e desta edição © 2024 by Edipro Edições Profissionais Ltda.

Título original: *Spiritual Activator*.

Todos os direitos reservados. Nenhuma parte deste livro poderá ser reproduzida ou transmitida de qualquer forma ou por quaisquer meios, eletrônicos ou mecânicos, incluindo fotocópia, gravação ou qualquer sistema de armazenamento e recuperação de informações, sem permissão por escrito do editor.

Grafia conforme o novo Acordo Ortográfico da Língua Portuguesa.

1ª edição, 2024.

Editores: Jair Lot Vieira e Maíra Lot Vieira Micales
Produção editorial: Carla Bettelli
Edição de textos: Marta Almeida de Sá
Assistente editorial: Thiago Santos
Preparação de texto: Aline Canejo
Revisão: Daniela Borges de Oliveira
Diagramação: Mioloteca
Fotos e ilustrações: Liezl B., Authentic Living
Capa original: 99 Designs
Adaptação de capa: Karine Moreto de Almeida

Dados Internacionais de Catalogação na Publicação (CIP)
(Câmara Brasileira do Livro, SP, Brasil)

Niño, Oliver

Cura energética : 5 passos para limpar, desbloquear e proteger sua energia para atrair mais amor, alegria e propósito / Oliver Niño ; tradução de Martha Argel. – São Paulo : Mantra, 2024.

Título original: Spiritual Activator.

ISBN 978-65-87173-30-6 (impresso)
ISBN 978-65-87173-31-3 (e-pub)

1. Autoajuda 2. Cura energética 3. Cura espiritual 4. Energia I. Título.

23-175725   CDD-158.1

Índice para catálogo sistemático:
1. Cura interior : Psicologia aplicada 158.1

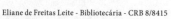

Eliane de Freitas Leite - Bibliotecária - CRB 8/8415

mantra.

São Paulo: (11) 3107-7050 • Bauru: (14) 3234-4121
www.mantra.art.br • edipro@edipro.com.br
@editoraedipro   @editoraedipro

O livro é a porta que se abre para a realização do homem.
Jair Lot Vieira

OLIVER NIÑO

CURA ENERGÉTICA

5 PASSOS PARA LIMPAR, DESBLOQUEAR E PROTEGER SUA ENERGIA PARA ATRAIR MAIS AMOR, ALEGRIA E PROPÓSITO

Tradução
Martha Argel
Bióloga graduada pela USP, doutora em Ecologia pela UNICAMP.
É escritora e tradutora literária e de obras de ficção e não ficção.

mantra

O autor deste livro não faz aconselhamento médico nem prescreve o uso de alguma técnica específica como forma de tratamento para problemas físicos, emocionais ou clínicos sem a consulta de um médico, seja direta ou indiretamente. A intenção é apenas oferecer informações de natureza geral para ajudar o leitor na busca do bem-estar emocional, físico e espiritual. Caso você use alguma informação deste livro por conta própria, esteja ciente de que o autor e o editor não assumem nenhuma responsabilidade por ações alheias.

Para Mandy, Bray, Zi e o novo bebê.
Vocês são todo o meu "PORQUÊ".

E para todos aqueles que têm me seguido ao longo dos anos, saibam que suas histórias e transformações me incentivam a alcançar mais almas e lançar mais luz neste mundo.
Amo todos vocês.

SUMÁRIO

Introdução, **9**

PARTE I — DESBLOQUEAR PARA DESINTOXICAR

1. Dons, cura e servir ao próximo, **17**
2. Por que preciso me desintoxicar?, **37**

PARTE II — SEU PLANO DE QUINZE DIAS

3. Dias 1 a 3: Proteja sua energia, **55**
4. Dias 4 a 6: Limpe sua energia, **73**
5. Dias 7 a 9: Eleve sua energia, **93**
6. Dias 10 a 12: Descubra seus dons, **111**
7. Dias 13 a 15: Pratique suas habilidades e seu propósito de trabalho, **135**

Posfácio — Espalhe as bênçãos, **151**

Um convite especial — Junte-se à Família de Alma da Cura Energética, **153**

Agradecimentos, **155**

Sobre o autor, **159**

INTRODUÇÃO

Você já passou por alguma das experiências descritas a seguir?

Quando está em público, às vezes, você fica tão afetado pelas energias de outras pessoas a ponto de se sentir sobrecarregado, frustrado, ansioso ou em pânico, e tudo o que deseja nesses momentos é ter paz, tranquilidade e clareza.

Você (ou uma pessoa querida) enfrenta alguma dor crônica ou uma doença debilitante e já tentou tudo o que pode para melhorar e ter alguma resposta, mas nada parece funcionar de forma consistente e permanente.

Coisas incríveis sempre aconteceram com você desde criança, e ninguém nunca conseguiu lhe explicar o motivo. Às vezes, você sonha com coisas que acabam se tornando realidade ou apenas "descobre" algumas coisas sem saber como nem por quê. Ou talvez veja outras dimensões ou receba "mensagens" vindas do outro lado.

Sente-se esgotado ao fim do dia, e o tempo todo as pessoas parecem só tirar, tirar e tirar de você. Tem uma tendência de atrair pessoas tóxicas ou negativas, que drenam sua energia e sua vitalidade, enquanto você só quer se sentir BEM de novo.

Você está passando por um despertar espiritual, e a vida parece uma montanha-russa. Está buscando respostas para um monte de perguntas e, por algum motivo, simplesmente não consegue ter clareza nem determinação.

Sabe que é "diferente" de todo mundo. Está em sintonia com outro universo de energia e espiritualidade; sabe que a vida é muito mais do que parece ser e está pronto para explorar isso.

Já enfrentou as "trevas da alma" e está pronto para virar a página e começar um novo capítulo de sua vida porque, lá no fundo, sabe que está aqui para algo maior, mesmo que ainda não saiba exatamente o que é.

Caso tenha se identificado com algum (ou alguns) desses cenários, então, este livro foi escrito especificamente para você.

Veja: eu mesmo enfrentei tais situações. Passei por todas elas e, agora, estou no fim do túnel. Não há apenas luz no fim do túnel, nem sequer é, de fato, o fim — é um novo começo. Você não está no fim; está atravessando para o outro lado.

Do outro lado, há uma vida cheia de propósito, alegria, amor, felicidade, paz, bem-aventurança, clareza e plenitude, e estou aqui para mostrar-lhe como cheguei até esse lado, passo a passo, de modo que você possa libertar-se dos bloqueios invisíveis de energia que estão te atrasando.

Cura energética: cinco passos para limpar, desbloquear e proteger sua energia para atrair mais amor, alegria e propósito propõe uma solução atraente e simples que vai ajudá-lo a superar a dissonância confusa de sua vida. Este meu programa acaba com as especulações sobre o motivo de você sentir o que sente e elimina os bloqueios incapacitantes de seu campo energético entre você e a plenitude. Você já conhece os benefícios curativos dos *smoothies* verdes, das limpezas de fígado e das dietas detox. Bem, fazer a limpeza do corpo energético é tão importante quanto limpar os corpos físico e mental. Ao fazê-lo, você elimina quaisquer problemas a partir de suas raízes energéticas, e isso permite que seu corpo se converta em um recipiente vazio para que as frequências divinas fluam através dele. Esta energia pode lhe dar a orientação de que você precisa para examinar e utilizar seus dons espirituais, dedicar-se a seus propósitos e prosperar.

Os bloqueios energéticos desaceleram, diminuem ou impedem sua capacidade de ser a melhor versão de si mesmo — e minha desintoxicação elimina os efeitos energéticos negativos e cumulativos de experiências ruins sobre seus corpos físico, emocional, espiritual e energético. Neste livro, explicarei como os bloqueios de energia se alojam em seu sistema na forma de crenças negativas, de emoções e, às vezes, até mesmo de problemas físicos. Traumas, raízes ancestrais ou fatores ambientais dão origem a sentimentos de medo, culpa, raiva, traição, inutilidade, mágoa e inadequação, que podem fluir através de você como perigosos radicais livres. Esses elementos criam muralhas em seu campo energético, o que pode causar doenças físicas, problemas de relacionamento, sensação de estar preso no mesmo lugar, falta de abundância, ausência de propósito, falta de confiança, ansiedade, depressão e/ou um sentimento geral de infelicidade. Alguns fatores mantêm viva essa energia, entre os quais as crenças negativas. Quando você usa minhas técnicas de cura para limpar ou afastar os bloqueios que puxam as pessoas para baixo, isso não apenas desintoxica seu campo energético — curando diversos aspectos do bem-estar — como também lhe permite fazer uso de um poder superior e ativar seus dons, para que você possa dedicar-se a seu propósito. Você já está programado para limpar seu campo de energia. Sua alma chegou aqui em um estado puro e repleto de energia, então o universo o incentivará a retornar a esse jeito natural de ser.

Este programa de desintoxicação é dividido em duas partes. A Parte I traz informações sobre minha história e sobre cura energética, e mostra por que é tão importante a limpeza energética de seu sistema; a Parte II descreve os passos específicos que você deve dar durante os quinze dias de limpeza. O programa consiste em apenas cinco passos poderosos, sendo três dias dedicados a dominar cada um desses passos. A princípio, você aprenderá a proteger, limpar e elevar sua energia e, em seguida, descobrirá maneiras de explorar seus dons e de dedicar-se a seu propósito de trabalho. Cada bloco de três dias oferece vários exercícios, ferramentas e meditações para você adotar e, por fim, determinar, por meio de tentativa e erro, qual funciona melhor para limpar seu sistema.

À medida que avançar, começará a somar as práticas às outras práticas de dias anteriores, de modo a criar uma rotina definida que transformará de modo positivo sua energia e, em última análise, toda a sua vida. Se interromper o processo, simplesmente retome a partir do ponto em que parou; e se, depois de terminar o programa, em algum momento sentir que sua energia está baixa, ou que seus dons espirituais parecem meio enferrujados, basta repetir a desintoxicação. Tenho pacientes que gostam de fazer a limpeza mais ou menos a cada noventa dias para manter a energia em seu estado mais puro e fluido. Meu programa foi concebido para ser versátil, pessoal e baseado na intuição, de modo que, depois de passar os quinze dias comigo e de ter descoberto o que faz com que seu sistema esteja em sua melhor forma, você terá se tornado um especialista em seu próprio corpo, capaz de decidir como gerir seu fluxo energético.

Em apenas duas semanas, seus corpos físico, emocional e energético passarão por muitas melhorias à medida que você limpar seu campo de bloqueios e contaminantes, além de aprender como manter esse estado mais puro. *Cura energética* trará paz, felicidade e prosperidade para sua vida.

Fui chamado de muitas coisas em minha vida adulta: agente de cura energética, curandeiro espiritual, trabalhador da luz, influenciador... Mas, na verdade, eu sou um cara bem normal, e o despertar espiritual incomum me levou à missão de minha alma: resgatar seres humanos como você do sofrimento, o mais rápido possível, e ajudá-los a experimentar seu potencial mais verdadeiro e mais empoderador. Passei quase vinte anos realizando curas energéticas e alcançando milhões de almas, mostrando a elas como desintoxicar a própria energia, a fim de que pudessem criar a vida que almejam — uma vida que esteja sempre em sintonia com o bem maior do universo. Em meu programa, o Geo Love Healing, ajudo as pessoas a dominar sua energia, a desfazer seus bloqueios mentais, emocionais e energéticos e a tornar-se agentes de cura habilitados e *coaches* de vida. Eu conduzo *workshops*, lidero eventos e dou aulas *on-line* para alunos do mundo todo. Esses alunos obtêm resultados rapidamente, e eu me esforço para ser autêntico e apoiá-los ao longo de suas jornadas. Já realizei mais de 20 mil curas e treinei cerca de 2 milhões de alunos de mais de 60 países de forma *on-line*. Recebo milhares de e-mails todos os meses de almas despertas que partilham comigo suas histórias de sucesso. É por tudo isso que sei que minha desintoxicação energética e outras ferramentas espirituais funcionam. Se você seguir meu programa, vão funcionar para você também.

No que diz respeito à cura energética, sou basicamente um autodidata, e isso é intencional. Quero ter certeza de que as mensagens que canalizo e as lições que transmito sejam tão potentes e puras para os outros como foram para mim quando as recebi. Estas técnicas são canalizadas através de mim, mas não são originalmente minhas. Elas vêm de um poder superior. É apenas minha responsabilidade partilhar aquilo que mudou minha vida, assim como a vida de incontáveis pessoas. Sou um mensageiro de uma sabedoria divina que existe há muito tempo. Uso estas informações para o bem maior de todos, de modo que eu possa fazer a diferença e retribuir ao mundo. Descobri que as desintoxicações energéticas são um primeiro passo e essenciais para qualquer pessoa que esteja determinada a também operar a partir de seu eu superior.

Independentemente da situação de vida de cada um, todos os meus alunos, assim como você, anseiam por compreender seu passado emocional, por ativar seus dons espirituais e descobrir qual é seu propósito de trabalho. Entre eles, há empresários bilionários, políticos, profissionais da área médica, terapeutas corporais, ex-policiais com transtorno de estresse pós-traumático, psicólogos, socorristas que desejam complementar seus procedimentos, profissionais de saúde e bem-estar, professores, eletricistas, pais... e essa lista diversificada vai longe. Quando meus clientes me procuram pela primeira vez, a maioria não sabe o que é a cura energética e por que ela é tão fundamental para que nos sintamos realizados, felizes e em paz. Ensino a eles que, quando aprendemos a desintoxicar nossa energia, isso afeta cada detalhe de nossa vida. Um campo energético puro pode gerar ou desfazer relacionamentos, lares, hábitos de sono, saúde, trabalho, finanças, o que for — entretanto, uma reinicialização energética elimina as toxinas ambientais, ancestrais e emocionais que o impedem de se encontrar em seu estado mais saudável. Depois de limpar toda essa negatividade, sua energia renovada abre as portas para a exploração e a prática de seus dons espirituais e a descoberta de seu propósito de trabalho. Isso alimenta e gratifica sua alma.

Bônus: ao longo deste livro, você encontrará imagens de geometria sagrada que foram canalizadas por minha irmã, Liezl. Você poderá usá-las para proteção, meditação ou para estabelecer uma intenção, caso sinta alguma conexão com elas.

Está pronto para esta louca viagem? Garanto que, depois que terminarmos, a vida nunca mais será a mesma, em todos os melhores sentidos. Mal posso esperar para que você experimente o melhor que a vida tem a oferecer.

UMA PALAVRA SOBRE DEUS

Em *Cura energética*, falarei muito sobre Deus. Embora eu tenha sido criado como católico, expandi minha compreensão do que é Deus, e penso em Deus como uma fonte de energia sem gênero, não como um homem todo-poderoso com uma densa barba branca que está sentado em uma nuvem fofa no céu. Para mim, Deus é uma fonte de energia ilimitada que dá origem e fim a todo tipo de vida. Também acredito que, no universo de Deus, nossas almas reencarnam em múltiplas existências, para que em cada uma aprendamos lições — e, às vezes, em outros planetas que não a Terra. Na verdade, acredito que várias linhas do tempo existem de forma simultânea, pois o tempo é um conceito criado pelo homem. Por conta disso, também acredito que podemos nos teletransportar para outras versões de nossa vida, se conhecermos as práticas corretas para fazê-lo. Menciono esses conceitos alucinantes porque faço referência a eles no livro e quero ter certeza de que estamos em sintonia.

Embora eu use a palavra *Deus* para me referir à fonte energética de nosso universo, outros termos comuns para Deus são: fonte, universo, o divino, poder superior e outros — assim, posso usar tais termos de forma intercambiável. Também gosto de usar o termo "seu eu superior", que descreve a parte de sua alma que é a mais sábia, mais consciente, mais potente e mais conectada a Deus. Seu eu superior é o que faz a ligação entre o mundo material e o mundo místico. Ele ajuda a determinar seu rumo como um ser encarnado na Terra. Seu eu superior é também a versão de você que tem todas as respostas e está provida de muitos dons espirituais.

PARTE I
DO DESBLOQUEIO À DESINTOXICAÇÃO

DONS, CURA E SERVIR AO PRÓXIMO

Quando eu era mais jovem, raramente me sentia confortável sendo eu mesmo. Sempre me senti estressado, desesperançado, travado, triste e diferente de todo mundo. Recorri a ferramentas populares de autoaperfeiçoamento, na esperança de que me indicassem o caminho para a paz interior e a prosperidade, mas meus esforços deram em nada. Recitei afirmações, dissequei e revisei minhas crenças limitantes, li montes de livros de autoajuda e fiz terapia. No entanto, por mais que "fizesse o dever de casa", minha vida ficava estagnada ou piorava.

Foi só quando tive consciência da energia que está dentro ou ao redor de nossos corpos e aprendi como revelar e aguçar nossos dons espirituais e nosso propósito de vida, ao manter limpa essa energia, que tudo mudou.

Totalmente.

Acontece que cuidar de seu corpo energético é tão essencial quanto cuidar de seu eu físico, mental e emocional. Não importa quais sejam suas crenças religiosas ou sua origem, a energia afeta você — e de forma muito mais profunda do que se pode imaginar. A chave para a felicidade, a paz e a satisfação, portanto, é purificar e controlar seu corpo energético. Assim que aprendi a fazer isso, a vida começou a trabalhar *para* mim, e não *contra* mim. Tornei-me mais confiante, vibrante, amado e próximo a Deus. Eu me senti mais como a pessoa que sempre soube que era e me esforcei para tentar partilhar esse aprendizado com os outros. Passei a atrair amigos incríveis, parceiros, perspectivas de negócios e um estilo de vida que eu considerava merecer — ao mesmo tempo, pessoas e oportunidades tóxicas se afastaram. Aceitação, prosperidade e sucesso deixaram de ser sonhos e passaram a fazer parte da minha realidade diária. Alcançar o impossível tornou-se não apenas inevitável, mas um estilo de vida. Milagres e bênçãos agora acontecem com tanta frequência que desconhecidos que veem tudo acontecer brincam dizendo que um dia em minha vida parece coisa de filme, mas tudo isso se tornou normal para mim. Já faz vinte anos que descobri o poder extraordinário que resulta da compreensão, da desintoxicação e do uso da energia para criar uma vida que jamais sonhei ser possível. Esse tipo de alegria, abundância e clareza é também uma forma natural pela qual *sua* alma opera. Deixe-me contar como cheguei aqui, para que você possa identificar onde nossas histórias convergem — e, com este livro, experimentar por si mesmo a magia do universo.

UM BOM PONTO DE PARTIDA ESPIRITUAL

Nasci na cidade de Manila, que é a capital das Filipinas. Gosto de comparar minha cidade natal com a cidade de Nova York — é como um *playground* urbano cheio de arranha-céus e turistas com um sistema de classes diversificado. Morei lá até me formar no ensino médio. Na época, a maioria da população local falava inglês, inclusive minha família. Acho que o melhor reflexo da população da cidade pode ser representado, de fato, por seus restaurantes — chineses, italianos, japoneses, franceses e alguns do Oriente Médio, por exemplo. Fora da cidade, a paisagem em geral é mais provinciana e subdesenvolvida. Me faz lembrar o interior do Texas ou do Arizona, onde se pode dirigir por quilômetros e não ver nada além de vacas e terras agrícolas.

O catolicismo era, e ainda é, o sistema de crenças predominante nas Filipinas; portanto, não é de surpreender que eu tenha crescido em uma família extremamente católica. O curioso da cultura filipina, porém, é que ela também tem um lado supersticioso muito forte. Assim, sempre que convinha, minha família se voltava, como acontece com muitos filipinos, para práticas espirituais que não eram religiosas. Quando nos mudávamos para uma nova casa, meus pais contratavam um *albularyo* para abençoar o local; ele também poderia ser chamado se um membro da família tivesse alguma doença complicada ou um mau humor insuperável. A palavra *albularyo* pode ser traduzida como "homem de medicina", "curandeiro popular" ou "feiticeiro". Quando éramos crianças, ainda, meus amigos e eu usávamos *agimats* — amuletos feitos de latão, cobre, madeira ou osso, que são relacionados à magia e à feitiçaria filipina. Acreditávamos que aqueles talismãs pendurados em nosso pescoço com um cordão nos traziam boa sorte e nos mantinham seguros com seus poderes místicos. Assim, por um lado, as práticas espirituais fora dos padrões eram consideradas tabus, mas, por outro, estavam arraigadas à nossa cultura. Imagine as mensagens contraditórias que eu recebi quando era criança, embora eu sempre soubesse que havia contradições místicas na maioria das culturas. É o mesmo que acontece com os italianos mais antigos, que talvez pratiquem um catolicismo estrito, que condena crenças sobrenaturais, ao mesmo tempo que usam no pescoço um *cornicello*, termo italiano para chifre, para protegê-los do mau-olhado.

Além de se voltar para essas práticas culturais "alternativas" quando considerava necessário, minha família também tinha dons sobrenaturais inatos que as famílias de meus amigos não tinham. Quando eu era bem novo, meu avô paterno, que chamávamos de Lolo, muitas vezes canalizava as almas de parentes mortos, mas apenas se lhe parecesse necessário. Certa vez, minha família se desentendeu por causa de uma herança de terras, e Lolo canalizou seu falecido pai para resolver aquela rivalidade. Lolo também pedia conselhos e inspirações celestiais aos familiares falecidos para resolver problemas de saúde. Quando ele canalizava os mortos, sua cabeça pendia para trás, sua voz ficava cada vez mais profunda e seus maneirismos se pareciam com os das almas que havia conjurado. Se a alma tivesse pertencido a uma pessoa de alta estatura quando era humana, Lolo colocava os ombros para trás a fim de parecer maior, ou se em vida ela mancasse ou tivesse a língua presa, ele também a imitava. A alma, então, dizia seu nome e transmitia a mensagem. Era assustador, mas ao mesmo tempo era fascinante.

Meus pais também exibiam dons; portanto, esse tipo de habilidade estava presente em ambos os lados de minha família. Meu pai falava em línguas e achava que esse era um dom aceitável e abençoado vindo do Espírito Santo, embora hoje eu interprete esse dom como uma canalização de energia por meio da qual ele usava um idioma para transmitir a frequência sonora dessa energia. Minha mãe, por outro lado, tinha sonhos que eram premonitórios, principalmente sobre acidentes, mortes ou cônjuges infiéis de membros da família, e os sonhos tornavam-se realidade. Uma vez, ela sonhou que o noivo de minha prima sofrera um acidente de carro; duas semanas depois, o carro dele sofreu uma trágica colisão e o homem foi arremessado através do para-brisa e morreu.

E, ainda, de vez em quando, experimentávamos fenômenos espirituais e interações surpreendentes com seres míticos. Certa vez, no aniversário da morte de minha avó materna, todos nós da família sentimos seu forte perfume, onde quer que estivéssemos na sala; também pudemos sentir o cheiro de sua flor favorita, a doce e perfumada sampaguita, flor nacional das Filipinas. Da mesma forma como os irlandeses têm os duendes *leprechauns* e os islandeses têm os elfos, o folclore filipino tem o Kapre. O Kapre não é bonitinho e brincalhão. Ele parece uma árvore gigante e retorcida e é tipicamente alto, escuro, peludo e supermusculoso. Acredita-se também que os Kapres fumam charutos e têm um cheiro corporal forte e horrível. Eles gostam de pregar peças nas pessoas ou fazer amizade com mulheres que consideram atraentes. Quando minha irmã Pia tinha 7 anos, ela jurou ter ouvido a risada e a voz profunda de um Kapre que a chamava; na hora, ela saiu correndo, aos gritos. Quando contou aos adultos, todos acreditaram nela e, depois, contaram suas próprias histórias sobre avistamentos de Kapres.

Tudo isso pode soar como invenção criada para animar churrascos ou reuniões de família, mas ainda havia muita vergonha e muito medo associados à crença em excentricidades espirituais que não eram aprovadas pelo catolicismo. Mesmo assim, elas despertaram minha curiosidade, principalmente quando, por volta dos meus 7 anos, começaram a ocorrer algumas experiências curiosas comigo. Por exemplo, eu sentia coisas que meus amigos e colegas de classe não sentiam. Eu sabia instintivamente o que as pessoas ao meu redor pensavam e sentiam, percebia a presença de espíritos no ambiente em que estivesse e vislumbrava silhuetas de anjos e de outros seres de luz. Sentia arrepios, meu coração disparava e, então, de repente, encontrava-me dividido entre o medo e o fascínio. O medo, em geral, vencia; por isso, aprendi a reprimir minhas habilidades espirituais, a ignorar meu sexto sentido e a concentrar-me na escola. Eu também rezava muito quando não estava fumando meus cigarros e entornando uma garrafa de *lambanog*, uma forte bebida alcoólica filipina. Beber me entorpecia o suficiente para aliviar a tensão e debilitar minhas antenas espirituais, e agora sei que isso acontecia porque a bebida amortece os *chakras* e o terceiro olho.

Com o passar do tempo, fui ficando cada vez mais recluso e deixando de me relacionar com a maior parte das crianças da escola, porque me sentia "anormal". Eu temia que os outros percebessem que havia algo diferente em mim. Tornei-me um pária, passei a sofrer *bullying* com muita frequência e comecei a me sentir forçado a comer minha merenda no banheiro masculino. Eu procurava um compartimento vazio, trancava a porta, sentava-me na tampa do vaso e erguia os pés para que ninguém soubesse que eu estava lá. Se eu soubesse que meus dons eram uma bênção e que eu era capaz de controlá-los, talvez tivesse me sentido menos aterrorizado e envergonhado. Olhando em retrospectiva, penso que, na época, eu teria feito qualquer coisa para encontrar algum tipo de orientador que colocasse um contexto no que eu estava vivendo — que pudesse me dizer que essas características faziam de mim alguém especial, e não um estranho. Gosto de pensar que teria usado meus dons para entender as outras crianças ao meu redor num nível mais profundo e também para ajudá-las a me compreender.

NOVO PAÍS, NOVO EU

Quando eu tinha 18 anos, minha família se mudou para os Estados Unidos. Nas Filipinas, minha mãe atuava como pediatra e meu pai exercia diversas profissões — ele era cirurgião e dentista, e também foi empresário do setor imobiliário e soldado do exército filipino. Antes de nossa mudança, porém, meu pai atuava, sobretudo, como homem de negócios. Ele cultivava diversos tipos de arroz, que eram vendidos, em grandes barris, em nosso mercado local e em mais de uma dúzia de cidades. Embora os negócios tenham ido bem durante algum tempo, as coisas acabaram piorando e nossa família acumulou inúmeras dívidas, quase insustentáveis. Foi nesse momento que meus pais decidiram se mudar de Manila para Lakewood, na Califórnia, para recomeçar a vida. Ambos passaram a trabalhar na área médica e deram duro para oferecer a mim e a meus irmãos uma educação melhor e mais oportunidades do que eles achavam que teríamos nas Filipinas.

Pouco antes de nos mudarmos, eu estava descobrindo como me adaptar ao mundo por meio da música. Eu tocava guitarra em uma banda e escrevia um bocado de músicas melancólicas e românticas. Parecia uma saída segura para mim, pois os músicos costumam ser populares, e isso me rendeu amizades e até me fez encontrar minha primeira namorada. Todavia, em Lakewood eu era um estranho numa terra estranha, por isso tive dificuldades para me encaixar. Não tinha amigos e não conseguia me identificar com a nova cultura. Decidi que não tinha escolha a não ser usar a mudança como uma oportunidade para reinventar minha identidade. Também precisava muito de dinheiro, então, criei um negócio *on-line* especializado em conselhos sobre relacionamentos e namoro direcionado ao público masculino. Eu era bom em aconselhar os caras da banda, graças ao fato de ter quatro irmãs; mais ou menos na mesma época, fora lançado o filme *Hitch — Conselheiro amoroso*, com Will Smith, então, dar dicas de relacionamento com base em uma perspectiva masculina se encaixava no espírito daqueles tempos. Promovi seminários e *workshops*, publiquei *e-books*, vendi programas digitais e fiz todo o marketing da empresa. Administrar esse site me ajudou a fazer alguns novos amigos e a me sentir menos solitário. Ao mesmo tempo, mergulhei em livros de autodesenvolvimento e no trabalho de crescimento. Ouvi CDs, assisti a palestras e li livros de autoajuda como *Pense e enriqueça*, de Napoleon Hill, *Como fazer amigos e influenciar pessoas*, de Dale Carnegie, e *O estranho segredo*, de Earl Nightingale. Eu fazia um grande esforço para não me sentir tão perdido quanto me senti durante minha infância em Manila.

Uns dois anos depois, conversei com meu colega de trabalho Jeff sobre tudo o que havia aprendido no campo da autoajuda e sobre como estava tentando aplicar esse conhecimento ao negócio — mas eu não tinha certeza de que estava dando algum resultado. Ele sugeriu que eu me consultasse com uma médium chamada Christel, que poderia me dar alguma orientação espiritual e um *insight* sobrenatural em relação a meus objetivos. Eu desejava desesperadamente fazer tudo o que pudesse para encontrar a felicidade e o sucesso. Um pouco de misticismo não faria mal — e, na verdade, isso atraía meu lado filipino de quem havia crescido em uma cultura que via com bons olhos alguma intervenção espiritual ocasional.

Durante sua leitura, Christel concentrou-se nos bloqueios de energia que eu tinha nos *chakras* e no campo áurico — que é um halo energético que se estende por mais ou menos meio metro ao redor do corpo das pessoas. Ela me disse que esses bloqueios estavam me impedindo de alcançar a prosperidade financeira e emocional — e então me mostrou onde eles se localizavam em relação ao meu corpo energético. Christel também me falou sobre os *chakras*, descrevendo-os como discos giratórios de energia que constituem pontos de energia no corpo e correspondem a feixes de nervos, órgãos importantes e áreas que afetam nosso bem-estar emocional e físico. Essa foi a primeira vez que ouvi alguém falar sobre energia, e também sobre a forma como ela se relaciona com a realização social e financeira. Foi como se eu tivesse recebido uma chave secreta e mágica, que planejei usar para abrir o máximo de portas que pudesse.

Ao sair da consulta com Christel, senti uma renovada esperança e fiquei entusiasmado com o futuro — e, se trabalhar minha energia podia constituir uma superestrada para a felicidade, o dinheiro e a realização, então, eu estava disposto a aprender o máximo possível. Christel falou-me sobre um curandeiro chamado Nick, que poderia sentir e *eliminar* meus bloqueios, o que me ajudaria a me tornar uma versão melhor e mais produtiva de mim mesmo. Sem perder tempo, marquei uma sessão com ele.

Quando conheci Nick, me senti fascinado e atraído por sua *vibe new age*. Ele morava em uma pousada em Malibu, em Topanga Canyon; sua casa tinha o formato de um octógono, que depois eu descobri que é um símbolo espiritual para o renascimento e a vida eterna. No espaço sagrado de Nick, havia, pelas paredes, pôsteres de divindades como Ganesha e Amma, que é conhecida como "a santa dos abraços". Música para meditação e o aroma de sálvia recém-queimada preenchiam o local. Nick era muito alto, vestia-se todo de branco, usava um japamala no pescoço e estava na casa dos trinta e poucos anos, na época. Tinha um sotaque australiano, embora falasse pouquíssimo. Ele apenas indicou uma cadeira para que eu me sentasse e, então, pediu que eu fechasse os olhos enquanto passava um cristal de quartzo-fumê ao redor do meu corpo e emitia sons de vento com a boca. Embora eu tivesse mantido os olhos fechados, de vez em quando eu dava uma olhada, então, o vi usando vários cristais para eliminar os bloqueios que, segundo ele, estavam me travando havia muito tempo.

A sessão de quarenta minutos foi relaxante, mas não identifiquei muita coisa além de me sentir calmo e aberto a experiências mais espirituais. Ao final, Nick disse que uma grande oportunidade me traria abundância dentro de três a cinco semanas. Cruzei os dedos e fiquei à espera de uma repentina boa sorte.

DESPERTARES ESPIRITUAIS

Mais ou menos um mês depois, recebi um convite para participar de um evento que me renderia em um dia mais dinheiro do que eu poderia ganhar em mais de um ano — na hora, atribuí esse fato à cura feita por Nick (eu não conseguia encontrar outra explicação!). Fui convidado para falar em uma conferência com milhares de convidados que estavam ansiosos para adquirir um programa que eu criara e que podia ajudá-los a aumentar o número de seguidores de suas empresas nas redes sociais. Exceto pela consulta com Nick, eu não tinha feito nada diferente na minha vida nem em minha carreira para receber aquele convite; portanto, supus que a limpeza feita por ele havia eliminado bloqueios de meu campo energético o suficiente para permitir que a abundância fluísse do universo. Infelizmente, como nunca tinha ganhado tanto dinheiro na vida, *muito menos de uma só vez*, fui irresponsável e perdi a maior parte dele; então, logo voltei ao ponto em que havia começado.

Apesar disso, eu queria criar um novo caminho em minha vida e não conseguia me esquecer do milagre que havia experimentado — com um esforço tão mínimo. Intuitivamente, percebi que precisava descobrir como as habilidades de Nick funcionavam, para poder usá-las em mim mesmo. Mantivemos contato e nos tornamos amigos, enquanto eu o rodeava com perguntas sobre *chakras*, cura e energia. Com Christel e Nick, aprendi bastante sobre os aspectos básicos do trabalho de cura: detalhes sobre aterramento, proteção, cordões energéticos (cordões invisíveis que conectam você aos outros por meio de pensamentos, emoções, sentimentos e sensações físicas), auras, *chakras* e, claro, bloqueios energéticos. Ainda hoje uso muitas dessas ferramentas e ensino como usá-las — vou me aprofundar nelas mais adiante, neste livro.

Depois de esgotar o conhecimento dos meus mentores, continuei com sede de aprender mais e determinado a entender o máximo que pudesse. É como aquele velho ditado: "Dê um peixe a um homem, e ele comerá por um dia. Ensine um homem a pescar, e ele comerá por toda a vida.". Eu ansiava por uma vida inteira da boa sorte e do alinhamento espiritual que fluíam livremente a partir das curas energéticas. Era impossível não desconfiar de que o universo havia lançado uma isca para me atrair, guiando-me até esses dois mestres espirituais que pareciam ter em mãos as chaves do sucesso, pois o instinto me dizia que eu seria capaz de realizar sozinho esse trabalho.

Eu estava buscando ferramentas transformadoras que ajudassem a melhorar meu trabalho e guiassem minha jornada espiritual; então, Christel sugeriu que eu viajasse para Sedona, que, segundo ela, era um polo de crescimento espiritual e de iluminação. Ela me disse que era uma cidade mágica e mística — onde eu poderia aprender, me desenvolver e desbloquear ainda mais os obstáculos energéticos.

Enquanto estive em Sedona, por sugestão de Christel, contratei um guia turístico que era um xamã, e ele foi muito importante durante a minha viagem. Aquele homem conhecia de fato a configuração espiritual da Terra. Ele me levou ao topo dos pontos de vórtice, onde se diz que as pessoas alcançam o despertar espiritual, e explicou que um ponto de vórtice é qualquer ponto na Terra que atue como um centro de turbilhonamento da energia terrestre e no qual ela está mais concentrada do que em outros locais do mundo. A Grande Pirâmide, no Egito, Machu Picchu, no Peru, e Stonehenge, na Inglaterra, são outros pontos de vórtice que supostamente têm o mesmo poder místico que aqueles topos de montanhas no Arizona.

Subi ao pico de um pequeno ponto de vórtice, fechei os olhos, sentei-me e permaneci em silêncio. De repente, fui tomado por uma energia muito forte que se ergueu da terra e penetrou em meu corpo. Fui dominado por uma tontura, meu corpo todo começou a formigar e, então, senti uma abertura no meu campo emocional. Meus olhos encheram-se de lágrimas enquanto experiências profundamente traumáticas borbulharam até a superfície de minha mente e de minha consciência — relacionadas a abandono, rejeição, amor-próprio, culpa, ressentimento e raiva. Esses sentimentos decorriam principalmente de feridas antigas relacionadas à minha família e à minha educação. Eu guardava dentro de mim uma grande amargura direcionada a meus pais por termos nos mudado para os Estados Unidos justamente quando eu começava a me sentir bem em Manila. Foi como se puxassem o tapete que estava debaixo de meus pés. Por me sentir tão deslocado em uma nova cultura, também enfrentei sentimentos de inadequação que tinham raízes no *bullying* que eu havia sofrido durante minha infância, além de não saber como ser bem-sucedido em círculos tão diferentes daqueles que eu conhecia.

Enquanto estávamos nos pontos de vórtice, nosso guia disse que, se nos sentíssemos dominados por emoções dolorosas, não deveríamos temê-las, mas liberá-las de forma amorosa na terra. A melhor forma de fazer isso era observar essas emoções sem julgamento e dizer "estou liberando-as e deixando-as ir para o bem maior de todos". Então, quando meus fardos vieram à tona, permiti que se fossem. Eu também desconfiava intuitivamente de que eram essas as causas profundas de outros bloqueios energéticos que ainda não haviam saído de meu campo áurico e que deviam ser libertados. Em minha mente, imaginei que os entregava à terra e, como estava fazendo isso em um ponto de vórtice, acreditei que o processo seria rápido e intenso. Depois que liberei tais sentimentos, imaginei um copo de água suja que estava dentro de mim se esvaziando e me permitindo abrir espaço para que uma energia nova e mais pura penetrasse em meu ser. Quando visualizei o copo vazio, senti uma forte descarga de energia percorrendo pelo meu corpo — e foi aí que as visões começaram.

Símbolos de geometria sagrada surgiram em minha mente, vindos do nada. Formas e padrões desconhecidos inundaram meu pensamento — e, serei honesto, por um instante me perguntei se estaria desidratado por ter ficado no sol tempo demais! Dias antes, eu havia notado que alguns moradores locais usavam formas semelhantes em colares, lenços ou camisetas, mas nunca imaginei que faziam parte de uma geometria sagrada e que tinham um significado especial.

Depois de meia hora, mais ou menos, abri os olhos. Os símbolos tinham desaparecido — mas foram substituídos pela apresentação física da energia que se mostrava diante de mim. A energia aparecia como centelhas, como se fossem vaga-lumes, e eu podia passar a mão em volta e através delas, como se fossem um holograma. Vi átomos dividindo-se e espirais de luz bailando no ar. Acredito que estava contemplando um reino energético que pouca gente consegue ver. Instintivamente, sabia que havia aberto o terceiro olho durante a meditação no ponto de vórtice e que minha vida estava prestes a mudar.

Creio que aqueles momentos no alto da montanha deram início a uma clara conexão com um poder superior, pois as imagens e visões continuaram a surgir. Era como se o universo tivesse aberto uma torneira espiritual e eu não fosse capaz de fechá-la — nem desejasse fazer isso. Como ocorre com as sincronicidades, passei a perceber os símbolos da geometria sagrada em *todos os lugares* aonde ia — por exemplo, em grafites numa parede, num cartaz em uma loja ou no padrão de algum tapete. Antes de minha viagem para Sedona, Nick disse para mim que, se eu visse mais de uma vez e num curto período de tempo símbolos espirituais que fugiam da norma, então eu deveria prestar atenção na mensagem à qual poderiam estar relacionados. Os sinais, disse ele, são a maneira pela qual o universo transmite instruções, orientações, respostas e a confirmação de que você está em um caminho espiritual.

Daquele momento em diante, eu passei a acordar no meio da noite tomado por pensamentos frequentes sobre a geometria sagrada que via e a receber ainda mais informações sobre pessoas e situações, mas eu não sabia o que fazer com isso. Eu não sabia se o que estava experimentando era real ou se minha imaginação tinha saído de controle. Por exemplo, eu sonhava que estava escrevendo uma carta para meu pai e presumia que aquela era uma instrução de Deus; então, quando acordava e fazia exatamente isso, eu abordava todos os sentimentos que tinha dentro de mim — e me sentia muito melhor! Também sonhava com situações antes que elas acontecessem, como a vez em que me vi olhando casas em um bairro desconhecido e, no dia seguinte, me vi procurando casas no mesmo cenário de meu sonho. Às vezes, também sonhava com uma frase e, alguns dias depois, alguém a dizia. Sonhava também com datas e, ao digitá-las no Google, via que algum evento sobrenatural havia acontecido naquele dia, como a descoberta de um círculo numa plantação. Em sua conjunção, esses momentos confirmavam que um poder superior estava se comunicando comigo e que eu estava sendo conduzido por um caminho especial. Eu saboreava essas experiências surpreendentes e seguia em frente com fé e dedicação.

APRIMORANDO MEUS DONS

Quatro dias depois de minha viagem a Sedona, voltei para Tucson, onde estava morando, e tive o impulso de efetuar uma cura em mim mesmo de uma nova maneira. Bem, quando digo cura, estou me referindo a uma limpeza energética de quaisquer bloqueios negativos e traumáticos remanescentes que pudessem estar me travando na vida (*não* estou me referindo à cura de problemas de saúde, que eu nem sabia ser possível e que se manifestou mais tarde em meu crescimento espiritual). Embora eu tivesse consultado um curandeiro e limpado bloqueios no ponto de vórtice, com o tempo, descobri que, às vezes, os campos de energia precisam de várias limpezas para se purificar por completo; por exemplo, quando estamos muito doentes ou no início de nossas jornadas espirituais. Eu não tinha consciência disso na época — ninguém chegou a me dizer isso —, mas tive uma intuição que se revelou verdadeira. Eu também estava curioso para descobrir se poderia brincar com minha energia, considerando que outras pessoas conseguiam visualizá-la e interpretá-la tão bem.

Assim, comecei a experimentar em mim mesmo a cura energética. Primeiro, passei a mão sobre meu corpo e senti calor, formigamento e uma atração magnética em áreas em que ainda estava bloqueado. Então, eu comecei a sentir a que esses bloqueios estavam conectados, o que os estava causando e o que aconteceria comigo se eu não desse um jeito neles. Para eliminar de meu corpo o bloqueio, eu fazia um gesto como se colhesse a área onde sentia estar a toxina e a retirasse com a mão, para então lançá-la ao centro da Terra ou enviá-la para cima, no ar, como se jogasse uma bola. Depois disso, pedia a Deus que me inundasse de luz e amor e imaginava preencher o espaço deixado pelo bloqueio com uma bela luz branca vinda do céu. Às vezes, eu até mesmo erguia as mãos para o céu e dirigia o curso dessa energia para o alto da minha cabeça. Ao terminar, pela primeira vez, me senti totalmente limpo. Senti-me rejuvenescido, lúcido, energizado e positivo em relação ao meu futuro. Parecia que eu havia neutralizado por completo, ou finalmente eliminado, todas as toxinas energéticas da minha vida.

Encorajado pelos acontecimentos, comecei a efetuar curas em amigos e familiares que se sentiam "estranhos", ou para quem as coisas não estavam indo bem, e que não conseguiam explicar a razão. Quando isso acontece, há uma boa chance de que a sensação esteja relacionada à energia presa. Algumas dessas pessoas sentiam uma ansiedade ou tinham uma depressão inexplicável, outras sentiam que não estavam evoluindo em suas carreiras e algumas delas tinham um passado traumático que não conseguiam superar. Havia algumas, ainda, que não tinham clareza sobre determinadas questões da vida ou não podiam expressar a verdade; tudo isso levava as pessoas a terem um sentimento triste e pesado. E, como eu esperava, todas elas se sentiram melhor depois de permitirem que eu as curasse durante um período que variava entre vinte minutos e uma hora, dependendo de sua bagagem e do que o universo permitisse a seus corpos liberar.

Espalharam-se notícias sobre minhas habilidades, e sem nenhum alarde comecei a disponibilizar essas habilidades àqueles que precisavam delas, tudo por intermédio de indicações de clientes anteriores. Como eu ainda estava trabalhando em meu site de conselhos sentimentais, fiz essas curas de graça — na verdade, realizei mais de 10 mil sessões ao longo de dez anos. Todas as minhas indicações e meus clientes recorrentes chegaram a mim por intermédio de amigos, familiares e até estranhos que eu conhecia em seminários de marketing e negócios dos quais participava a trabalho.

Meus clientes nem sempre experimentaram um mar de rosas ao trabalhar comigo. Às vezes, seus corpos expurgavam fisicamente a energia tóxica da qual precisavam se livrar, o que é bem comum entre pessoas que estão até o pescoço com a energia tóxica retida. Henry, meu parceiro de negócios, por exemplo, tinha vários bloqueios no estômago por sentir que sempre abria mão de seus poderes a favor dos outros — nos negócios, nos relacionamentos, em todos os aspectos. Energeticamente, o estômago é considerado o centro da vontade e do poder, e está localizado no terceiro *chakra*, ou *chakra* do plexo solar. Uma hora depois de eliminar os bloqueios de Henry, ele sentiu uma dor de estômago e vomitou! Sua liberação energética criou uma resposta física e, embora me fizesse sentir mal, foi uma bela confirmação de que minha cura havia funcionado. Da mesma forma, uma vez trabalhei a incapacidade que uma mulher tinha de comunicar a seu cônjuge os sentimentos sobre qualquer assunto polêmico, um problema que afeta energeticamente a garganta, ou quinto *chakra*, e depois de me deixar ela teve uma dor de garganta por vários dias, até que a cura se instaurasse por completo.

Quando faço uma cura, consigo absorver a energia da outra pessoa com muita facilidade. Se eu não limpar essa energia, ela pode se acumular e me faz ficar esgotado, ter dores de cabeça e, no todo, me sentir péssimo. Nunca vou esquecer certa vez em que estava na cozinha de meus pais e meu tornozelo direito começou a doer sem motivo aparente. Cinco minutos depois, meu pai veio da garagem mal-humorado. Energeticamente, diz-se que o lado direito do corpo abriga a energia masculina, e a dor era um indício de que eu estava captando a atitude de meu pai; e não deu outra: enquanto voltava para casa, a dor desapareceu. Trabalhei com uma fotógrafa cujo joelho doía devido a um histórico de lesões esportivas. Eu não realizei uma cura nela, mas durante nossa sessão de fotos minha rótula dava a sensação de estar machucada. Pensei ter torcido o joelho na academia, mas depois que a deixei a dor se foi.

Se eu ignorar tais sinais ou resistir a eles, a energia de outras pessoas pode se tornar tão intensa que meu corpo se superaquece. Tenho que tirar as meias para liberar a energia aprisionada! O mesmo pode acontecer com as minhas mãos. Às vezes, mergulho mãos e pés em sal de Epsom, para desintoxicar, e sempre troco as meias. No fim de um longo dia servindo ao próximo, gosto de tomar um banho de sal, me desligar da tecnologia, me conectar com entes queridos, jogar xadrez ou *Ticket to Ride* com meu filho ou fazer uma oração para liberar a energia com a qual trabalhei naquele dia. Às vezes, simplesmente estar ciente disso é suficiente para fazer as toxinas se dissiparem.

UM... O QUE ESPIRITUAL?

Continuei a realizar curas gratuitas na Costa Oeste por quatro anos, antes de me mudar para Sedona em tempo integral. Logo depois, tive de voltar para casa, na Califórnia, para ajudar meu pai, que enfrentava dificuldades por conta de seus fracassos nos negócios e não conseguia adaptar-se socialmente à vida nos Estados Unidos.

Enquanto estava na casa dos meus pais, uma coisa muito louca começou a acontecer. Até aquele momento, aprender sobre curas e bloqueios tinha sido meu foco espiritual, e, quando ficava sabendo de algo divertido, eu compartilhava com minhas quatro irmãs. Bem, depois de passar alguns dias com elas, minhas irmãs começaram a ativar a própria intuição e seus dons, apenas pelo fato de estar comigo. Este foi um desenrolar notável em meu desenvolvimento energético. Minha irmã Pia conseguia fazer curas físicas e energéticas por meio do toque. Claudine tornou-se canalizadora; de fato, na primeira vez, ela canalizou um arcanjo que queria me transmitir oportunos conselhos de negócios e relacionamentos. Minha irmã Liezl tinha premonições que se tornavam realidade, e Elaine tinha percepção extrassensorial. Elaine e eu gostávamos de jogar um jogo em que eu segurava uma carta de baralho de um modo que ela não pudesse ver. Eu pedia à minha irmã que adivinhasse que carta era, e ela sempre acertava! Liezl também sonhou que nosso pai estava preso. Ela não deu muita atenção a isso, mas, seis meses depois, meu pai teve uma briga com minha mãe, que se sentiu ameaçada e ligou para o 911. Papai passou a noite na cadeia e saiu no dia seguinte sob fiança.

Todas essas ativações aconteceram em um fim de semana, mas, sempre que eu estava com minhas irmãs, sentíamos nossa energia coletiva e nos entretínhamos com ela. Que reviravolta maluca e curiosa para uma família filipina criada para fugir desse tipo de coisa! Certa vez, uma amiga de Pia bateu a mão em um corrimão de escada e sofreu uma entorse e uma contusão. Pia colocou suas próprias mãos sobre a mão ferida e na mesma hora ouviu um estalo. A dor desapareceu e o ferimento sarou. Isso, de fato, implantou em minha mente a ideia de que algum dia eu talvez fosse capaz de fazer curas físicas e também energéticas. Mas eu só conseguiria dominar esse dom seis anos depois.

Embora reconhecesse que, de algum modo, eu estava no centro da ativação espiritual de minhas irmãs, mais cinco anos se passariam até que eu reconhecesse, de fato, que, além da cura, era capaz de identificar e colocar em ação os dons espirituais e as habilidades sobrenaturais dos outros — fosse como agente de cura, médium, vidente e assim por diante. Como havia acontecido com minhas irmãs, eu podia "ligar" os dons de outras pessoas por meio de curas, de modo que meus clientes começaram a me chamar de curandeiro espiritual. Fiquei tão surpreso quanto qualquer um por ser capaz de fazer isso, mas acredito que minhas habilidades foram concebidas para trabalhar em conjunto. As curas energéticas limpam os bloqueios e encorajam a energia divina a fluir, o que ajuda a despertar os dons espirituais.

RECOMEÇOS

Continuei me dando bem como consultor enquanto fazia curas nas horas vagas. Também me casei e tive um filho chamado Braydon, mas me separei amigavelmente de minha primeira esposa depois de cinco anos. A separação me levou a visitar Sedona novamente, dessa vez, para me curar de uma tristeza profunda, da raiva, da sensação de peso e da culpa que estavam sobrecarregando meu coração. Não era segredo que meu *chakra* cardíaco havia ficado realmente congestionado. Eu estava sofrendo não só por causa do divórcio, mas também sentia uma grande angústia por causa de meu pai e de minha infância. Estava desesperado para me apaixonar por mim mesmo outra vez. Enquanto desintoxicava meu coração, digamos apenas que eu chorava um bocado — o que era incomum para mim, pois desde criança fui ensinado a não expressar muita emoção. No entanto, quando me vi livre dos liames de meu coração, o universo me devolveu a mim mesmo. Voltei a escrever músicas e marquei encontros comigo mesmo para ir ao cinema e jantar. Pratiquei o amor por mim mesmo, e foi como voltar para o lar.

Apenas quatro dias depois de ter purgado meu coração solitário, congestionado e tóxico, minha atual esposa, Mandy, entrou em minha órbita. Eu estava rolando a tela do Facebook quando vi seu rosto expressivo olhando para mim na barra "Pessoas que você talvez conheça" (sim... conhecemo-nos *on-line*). Tínhamos amigos em comum, então, pedi amizade a ela e assisti a alguns de seus vídeos sobre espiritualidade e sobre a vontade de mudar o mundo com amor. Eu lhe escrevi em privado e disse: "Amei sua mensagem. Mas o que você está vendendo?". Como vim a saber, ela só estava fazendo os vídeos para inspirar outras pessoas, mas tive a sensação de que, com minha ajuda, poderíamos disseminar aquela mensagem tão sincera. Mandy e eu trocamos mensagens por algum tempo, falando sobre tudo, desde espiritualidade até anjos canalizados. Nossa amizade transformou-se em namoro, e acabamos indo morar juntos em Sedona, e depois em Dallas.

Mandy era diferente de qualquer pessoa que eu já tivesse conhecido. Ela era uma luz brilhante de genuína integridade, um sopro de ar fresco. Era muito centrada em seus objetivos, e estava menos interessada em ganhar dinheiro e mais focada em causar um impacto no mundo, pois achava que era para isso que havia nascido. Acima de tudo, Mandy fazia tudo com amor. Isso me atraiu porque meu passado havia me convencido de que liderar com amor não era a norma. Nunca vou me esquecer de quando, em um dos nossos encontros, percebi que ela não estava mais caminhando a meu lado. Quando me virei, ela estava sentada em um banco com um morador de rua, encorajando-o a ter esperança; e depois deu-lhe comida e dinheiro. Mandy tem um amor profundo e inabalável pelos outros, reforçado por sua conexão com Deus. Achei tudo aquilo muito atraente e inspirador. Depois de me sentir desapontado com tantas pessoas na vida, Mandy renovou minha fé na humanidade e me mostrou que existem pessoas boas no mundo.

O interessante é que, logo depois de conhecer Mandy, minhas habilidades de cura mudaram. Por um lado, ela me ensinou a infundir mais amor no meu trabalho energético. Também praticamos um modo de canalizar juntos e, assim, recebi mensagens novas e incríveis sobre tipos de cura vindos de arcanjos ocultos, aprendi como usar a geometria sagrada de diversas maneiras e reuni uma nova sabedoria geral e conselhos práticos para ajudar a mim e a meus clientes. Enfim — este foi um grande acontecimento —, durante uma meditação, meus guias espirituais me deram permissão para praticar as curas físicas. Até conhecer Mandy, eles me diziam que eu não estava pronto para fazer isso, pois não tinha amor suficiente em meu coração. Precisei deixar o amor fluir através de mim e ver a bondade presente em todo mundo para atenuar as questões físicas. Simplesmente estar com Mandy já me inspirou a parar de julgar os outros e de vê-los através dos olhos da sociedade; eu precisava vê-los através dos olhos de Deus. E pensar que, das mais de 10 mil sessões de energia que fiz, nenhuma foi cura física, porque eu não tinha amor suficiente em meu coração. É raro encontrar um agente de cura que tenha a quantidade correta de amor incondicional para restaurar a saúde de um desconhecido.

Alguns meses depois de me conhecer, Mandy criou a empresa Authentic Living, cujo foco principal era ensinar os outros a elevar sua vibração e manifestar seus maiores desejos. Ela ensinava as pessoas a passar do sofrimento à felicidade, de empregos convencionais a um trabalho com propósito. Eu a ajudei nos bastidores, dando-lhe assessoria em estratégia e marketing. Essa parceria foi tão boa, na vida e na dedicação a nosso propósito de trabalho, que Mandy e eu nos casamos, ganhamos a guarda de meu filho Braydon e começamos a construir a vida juntos. Mas foi só quando Mandy ficou grávida de nosso filho Zion, dois anos depois, que decidi me voltar totalmente a meu negócio de cura e me empenhar mais na empresa. Encerrei minhas atividades no negócio de marketing e consultoria que criara e me concentrei exclusivamente em ensinar meus clientes a como se tornar agente de cura energética, ativar os próprios dons e dedicar-se a seu propósito de trabalho.

Quando Mandy estava grávida de Zion, pensei muito sobre o que significava ser pai. Eu queria ser a melhor versão de mim mesmo, então, meus filhos se tornaram meu "motivo". Eu sabia que precisava fazer minha luz brilhar em tempo integral e ser visto — independentemente de julgamentos — por meus dons, para que meus filhos tivessem uma vida melhor. A cura era uma parte muito íntima de mim, então, escolher desenvolvê-la em tempo integral, com certeza, fez com que eu me sentisse vulnerável. Mas trabalhei isso porque não queria que meus filhos tivessem um pai que sentisse medo de assumir seu propósito de vida. No centro de tudo estava minha preocupação de eventualmente repetir as tendências controladoras, irracionais, inseguras e autoritárias de meu pai. Eu não queria trilhar esse caminho familiar. O sofrimento e a infelicidade dele afetaram profundamente as minhas irmãs e a mim. Eu sabia que precisava ser um modelo melhor para minha família; eu precisava ser mais para que meus filhos fossem mais.

ESPALHANDO O GEO LOVE

Já fazia um ano que eu estava dando assessoria à Authentic Living em termos de marketing e de negócios quando dei meu primeiro *workshop* oficial ensinando os clientes a se tornar agente de cura, a ativar os próprios dons e a descobrir seu propósito de trabalho. Acredito muito no *timing* universal porque dei os retoques finais em um programa consistente na mesma época em que Mandy estava grávida. Eu me sentia pronto para me assumir como agente de cura e viver plenamente a vida como ela deveria ser.

Criei o Geo Love Healing ["cura pelo amor da terra"] com a intenção de fornecer ao maior número possível de pessoas as ferramentas para dominar e limpar sua energia, para que elas pudessem se sentir centradas e felizes. Comecei com um programa inicial de trinta dias, autoguiado, e, à medida que meu público aumentava, e os clientes se tornavam agentes de cura energética com suas histórias incríveis, decidi oferecer programas de certificação. Primeiro, há o Geo 1, que ensina as pessoas a se tornar agente de cura, a sentir e eliminar a energia em si mesmo e nos outros e a curar os outros pessoalmente ou a distância. Em seguida, vem o Geo 2, um segundo nível, que ensina você a se tornar um agente de cura em trabalhos com grupos e lhe permite aprender mais sobre seus dons, a ativar os dons das pessoas e como usar a modalidade de cura chamada energia arco-íris para trabalhar condições físicas. Por fim, há o Geo 3, um curso avançado de energia que explora viagens da alma, curas geracionais e cármicas, técnicas avançadas para condições físicas severas, modos de canalizar e brincar com o tempo ao conduzir uma cura. Em conjunto, tais programas são chamados de Soul University [Universidade da Alma].

O universo não me permitiu o acesso a ferramentas sagradas até que minha vibração correspondesse à das informações que eu deveria compartilhar. Eu precisava estar pronto para usá-las, pois, caso contrário, poderia fazê-lo de forma indevida. Ao criar meus programas, eu sempre ficava ansioso para saber qual seria a próxima ferramenta, e essa expectativa me lembrava a forma como esperava a temporada seguinte de meu programa de televisão favorito quando era criança. Precisei desenvolver muita paciência! O fato é que levei quase dez anos para aprender e aperfeiçoar as lições do programa de desintoxicação que apresento neste livro!

Hoje, lidero eventos com lotação esgotada e dou aulas *on-line* para clientes do mundo todo. Em nosso último evento, 6 mil pessoas pagaram para aprender a elevar sua vibração e viver vidas belas, e estimamos que o próximo tenha 20 mil inscritos.

Estou muito feliz por trazer a vocês meu programa de desintoxicação energética de quinze dias. É o ponto culminante de tudo o que estudei, canalizei, aprendi, ensinei e pratiquei, e tem o poder de transformar a sua vida. Limpar a energia é fundamental para o crescimento, para que você possa despertar seus dons a partir de um estado energeticamente limpo e, a seguir, ir em busca de seu propósito de trabalho, para o bem maior de todos. Uma desintoxicação energética consistente é necessária, não importa em que ponto você esteja em seu processo de crescimento espiritual.

Algumas das técnicas, como aterramento e corte de cordões, são inspiradas no que Christel e Nick me ensinaram. Também canalizo muitas informações — por exemplo, como usar a geometria sagrada e ativar seus dons espirituais e os dos outros. Como um todo, este programa simples e divertido vai ajudar você a ser e fazer o seu melhor. Como tantas pessoas que já se desintoxicaram, você irá brilhar de dentro para fora.

VAMOS DESINTOXICAR!

Nos próximos capítulos, vou ajudá-lo a desintoxicar sua energia para eliminar os efeitos cumulativos e negativos da energia bloqueada em seus corpos físico, emocional, espiritual e energético. Depois de eliminar as toxinas que se acumularam em seu campo áurico, você estará pronto para viver sua melhor vida.

De forma muito semelhante à limpeza efetuada por meio de alimentos ou sucos, que dá início a um plano alimentar saudável ou expurga toxinas nocivas de seu sistema, você limpará seu corpo energético para ativar seus dons e o seu propósito de trabalho. Este programa lhe trará total paz, foco e clareza sempre que você se sentir estagnado no âmbito emocional, físico, energético ou espiritual. Você aprenderá a eliminar os bloqueios energéticos que desaceleram, diminuem ou impedem por completo sua capacidade de prosperar. Mal posso esperar para que você aproveite a incrível energia que lhe permitirá se dedicar a tudo aquilo que deseja.

POR QUE PRECISO ME DESINTOXICAR?

Se pudesse fazer uma única escolha que mudaria todo o curso de sua vida, você a faria? E, se fossem necessários apenas quinze dias para sentir os resultados, você não desejaria ter começado ontem? Se é isso que você faria, então fico feliz por este livro ter chegado a suas mãos. Pois em menos tempo do que você leva para checar seu Instagram todo dia, minha desintoxicação vai limpar seu sistema, conectá-lo ao seu eu mais autêntico, revelar suas habilidades espirituais e evidenciar o propósito que recebeu de Deus. Contudo, neste exato momento, aposto que você tem muitas perguntas — para começo de conversa, por que preciso me desintoxicar?

As desintoxicações energéticas são essenciais para termos uma vida pacífica, orientada e significativa. Elas permitem que você elimine o máximo possível de impedimentos energéticos, incluindo bloqueios de energia. Isso faz parte de um processo importante que ajuda você a ativar seus dons inatos e a se dedicar a seu propósito de trabalho a partir de um estado purificado. Os bloqueios podem impedir que a energia pura flua através de você de maneira ampla. Pense na energia como um rio que corre através de seu corpo e de seu campo áurico. Quando na água existem rochas, vegetação e outros obstáculos, a corrente não consegue se mover tão depressa a partir de seu ponto de partida, ou nascente, até o ponto onde termina. A água vai perder tempo com ondulações, meandros e remansos onde a velocidade é reduzida. Pode ficar suja e contaminada. Mas, ao desintoxicar sua energia, você elimina obstáculos e permite a seu rio renovado e cheio de energia mover-se com facilidade. Um fluxo vibracional natural abre caminho para que a intervenção divina e a abundância energética cheguem a você e aos outros.

As desintoxicações energéticas asseguram que o tipo errado de energia não seja plantado em você como uma semente; se não eliminar de seu campo de energia as sementes ruins, elas podem criar raízes e se transformar em um grande problema. Por exemplo, um sentimento de inadequação decorrente de traumas de infância com o passar do tempo irá lançar ramos que podem produzir "frutos podres", como relacionamentos amorosos tóxicos, parentes que não respeitam os demais e coisas semelhantes. Esses cenários podem, por sua vez, dar origem a sentimentos ainda mais profundos de inadequação. A maioria de nós se concentra em arrancar de nossa vida os frutos podres, quando na verdade precisamos nos concentrar em eliminar as causas profundas de nossos problemas. Ao longo dos anos, aprendi que as raízes que mais problemas causam vêm dessa semente inicial, ou bloqueio energético. Sem fazer uma desintoxicação, a qual ajuda a extrair a raiz, você vai atrair energeticamente para sua vida as pessoas, as oportunidades e os eventos errados, que refletem a baixa energia vibracional de seu problema original. Mais adiante, vou explicar melhor como a energia funciona, mas por enquanto saiba que energias semelhantes se atraem. Portanto, se a energia ruim faz com que você viva em uma vibração com pessoas e eventos ruins, adivinhe como sua vida será?

Isso mesmo: bem tóxica.

Como já disse antes, outro resultado fascinante da desintoxicação é que ela vai revelar suas habilidades espirituais e guiar você rumo ao propósito de sua vida. Acredite ou não, todos nós nascemos com habilidades sobrenaturais que devemos usar para o bem maior de todos. Você nunca deve tentar acessar seu dom em uma frequência mais baixa, ou pré-desintoxicação — se o fizer, estará se utilizando de versões mais sombrias ou limitadas de seu dom (você verá outros detalhes sobre isso mais adiante). O dom de uma pessoa é semelhante a uma impressão digital — não há duas pessoas com o mesmo dom. E o que é ainda mais legal é que nenhum dom pessoal é mais importante que os outros. A capacidade de cura de Maria não é mais essencial do que o acesso de João aos registros akáshicos (o registro de todos os eventos, pensamentos e sentimentos que ocorreram desde o início dos tempos, em todos os tempos e espaços). As habilidades sobrenaturais da humanidade devem trabalhar juntas em benefício da energia coletiva do universo. Depois da desintoxicação, você se sentirá um "Você 2.0" — e estará ansioso para partilhar seus dons com o mundo.

A desintoxicação lhe permite eliminar problemas energéticos para que você possa prosperar em uma vibração superior, fazer escolhas orientadas a partir desse estado elevado e utilizar seus dons sobrenaturais para servir aos outros. Seu corpo se tornará um recipiente puro e limpo para que a melhor energia possa fluir através dele; isso possibilita que você reivindique e corra atrás de seu propósito — e mais, que aproveite ao máximo este planeta. As dificuldades diárias desaparecerão à medida que receber novas oportunidades e encontrar pessoas que, assim como você, têm mentalidade pacífica e são bem-intencionadas em seus objetivos. Tenha confiança de que seu eu autêntico irá brilhar!

Neste capítulo, apresentarei a importância da energia, o papel que as obstruções energéticas têm no impedimento das decisões de livre-arbítrio e como tudo isso está relacionado com o uso de seus dons e com o modo como você será guiado rumo a seu fascinante propósito de trabalho. Todos os dias, fazemos escolhas quanto ao modo de proteger e usar nossa energia. Se você criar a intenção de desintoxicar seu campo e de assumir a responsabilidade de servir ao bem maior de todos, essa escolha mudará o universo a seu redor.

ENERGIA: ASPECTOS BÁSICOS

Albert Einstein descobriu que a energia pode ser convertida em matéria, mas não criada ou destruída. E uma vez que os seres humanos são fundamentalmente energéticos, minha desintoxicação é concebida para trabalhar com a energia em todas as suas expressões. Há diferentes tipos de energia no corpo, alguns ligados à alma e outros são produtos do corpo físico. A maneira como usamos, mudamos e desenvolvemos nossa energia influencia o modo como nossas vidas se desenrolam nesta existência e o que acontece conosco enquanto estamos aqui na Terra, e mesmo quando morremos.

Não quero usar muito tempo definindo a energia em uma linguagem científica; prefiro usar as explicações simples e as metáforas que canalizo e ensino em meus *workshops*. Dito isso, todos os seres vivos precisam de energia para existir — desde os sentimentos mais profundos que você acalenta até a planta que enfeita sua mesa. Como seres humanos, abastecemos nossa energia com nossos pensamentos e emoções, que então ditam nosso comportamento. Essa energia comportamental alimenta pensamentos, emoções e ações futuras — e o coloca em uma frequência energética onde existem pessoas e oportunidades com energia semelhante. Se um pensamento, uma emoção ou um comportamento deixam uma impressão muito negativa, podem formar um bloqueio que cresce à medida que mais negatividade o alimenta. Todo esse lodo energético, inclusive os bloqueios, se aloja em diversos locais do campo áurico e do corpo — e requer uma limpeza antes que cause estragos. Mudar sua energia com uma desintoxicação mudará também sua vida diária.

As frequências energéticas vão de baixas a elevadas e refletem em grande medida a intensidade de seu estado emocional. As frequências baixas são alimentadas por sentimentos negativos como raiva, tristeza e medo, enquanto as frequências mais elevadas são alimentadas por sentimentos positivos como felicidade, aceitação e amor. A energia vibracional elevada é muito boa de sentir; ela é leve, tranquilizante e reconfortante — é o equivalente a um abraço suave e cheio de energia. Por outro lado, a baixa energia vibracional parece escura, densa e pesada. Imagine como você se sente em um dia sombrio, depois de uma briga com seu melhor amigo, enquanto luta contra uma enxaqueca... Simplesmente péssimo. Quando sentir que está aos poucos sendo dominado por sentimentos vibracionais baixos, você deve sempre tentar ajustar sua vibração para um estado emocional mais elevado. Os exercícios para elevação da energia que compartilharei na Parte II deste livro vão ajudá-lo a conseguir isso. Imagine que mudar as vibrações é como mudar de canal de tevê. Enquanto está assistindo a um canal, os outros ainda existem e enviam energia; você apenas escolheu viver uma realidade que existe em um determinado canal. Essa escolha determina o que você vê, sente e ouve, até que escolha um canal diferente. Sua energia interage com pessoas, objetos, a terra, alimentos e outras influências energéticas que você experimenta. Não precisa durar muito tempo ou ser permanente. Mas fazer uma limpeza pode mudar seu canal de energia de forma rápida e eficiente.

Ao limpar sua energia, você passará a viver em uma vibração elevada que vai se tornar seu novo normal e lhe parecerá incrivelmente natural. E, como essa energia lhe dá um suporte, será menos afetado por eventos ou energias aleatórios e negativos. Você não pode viver em uma bolha e evitar toda a negatividade, mas pode elevar sua vibração até um ponto em que você se torna inabalável e inquebrantável, tanto no aspecto mental quanto emocional e energético. Vai se sentir protegido porque, ao contrário do que ocorria antigamente, nada pode atingi-lo, e as vibrações mais baixas não conseguem uma base para se estabelecer. Por exemplo, visitar uma casa onde um ente querido acabou de morrer ou ouvir analistas políticos desagradáveis discutindo nos noticiários são situações que em geral podem afetar sua vibração. Mas, se você estiver operando em uma frequência elevada, sua vibração pode se tornar mais baixa apenas de forma transitória e vai se recuperar depressa. Talvez também sinta sua energia mudar para uma vibração mais baixa enquanto visita um antiquário ou uma loja de cristais, onde as relíquias carregam todo tipo de frequências, mas as marcas energéticas delas não lhe parecerão pesadas nem serão sentidas por muito tempo depois que você sair do local. Uma vez fora do campo delas, voltará a se sentir como você mesmo.

Sem surpresa alguma, a energia de outras pessoas também pode ser contagiante. Houve ocasiões em que conversei com minha mãe por telefone antes de dormir, e ela reclamou por dinheiro; na manhã seguinte, eu acordava com ligações de cobradores e do banco devido a minhas próprias dificuldades financeiras. Mas, se eu limpasse a energia da minha mãe depois de falar com ela, usando as técnicas de desintoxicação deste livro, não só me sentia mais leve após a conversa, como a limpeza criava um espaço para o surgimento de respostas simples que me permitiam ajudá-la também. O melhor de tudo é que, em vez de ter credores ligando, eu poderia receber um e-mail sobre algum projeto lucrativo. O universo apresentaria oportunidades positivas antes mesmo que os problemas pudessem vir à tona.

Muitos especialistas espirituais gostam de falar sobre o emprego de linguagem positiva, evitando-se a linguagem negativa para mudar ou elevar sua vibração. No entanto, quando se trata das palavras que saem de sua boca, sinto que o que mais afeta a sua frequência são a intenção e a intensidade emocional delas. Sinceridade e potência alimentam a energia como fertilizante em um jardim. Em caso de doença, por exemplo, você não pode alimentar a expectativa de ser curado se tiver que se esforçar para falar sobre gratidão e milagres tendo o coração ressentido ou pesado. Precisa falar ou orar por seus desejos com sinceridade positiva e entusiasmo, para dar o empurrão energético que faz a frequência mudar. É algo mais poderoso do que recitar roboticamente afirmações, mantras ou orações repetidas vezes sem fim.

Fazer todo o esforço possível para viver em uma frequência elevada manterá seus campos limpos, e menos bloqueios vão se formar, e assim você criará um caminho livre para que uma energia incrível possa fluir. Isso torna mais fácil projetar a vida que você quer, pois terá a ajuda guiada e divina do universo e, com ela, poderá criar a partir de um espaço do coração alinhado com o bem maior do universo.

ELIMINANDO OS BLOQUEIOS QUE CAUSAM O CAOS

No que diz respeito aos obstáculos energéticos que exigem limpeza, existe a energia vibracional suja e baixa que fica retida em seu campo áurico, nos *chakras* e no corpo físico — e existem os bloqueios de fato que se formam quando tal energia se acumula. Os bloqueios energéticos são poderosos e podem impedir que intenções sinceras e objetivos apaixonados surjam. Isso ocorre porque os bloqueios têm, ligados a si, crenças negativas, emoções e, às vezes, até problemas físicos, que vão travá-lo no mundo real. É como tentar dirigir um carro com o freio de mão puxado. Os bloqueios ocorrem quando sentimentos de baixa frequência, como medo, culpa, raiva e inadequação, se introduzem em sua aura, nos *chakras* ou em seu ser físico. Quando isso acontece, não basta se forçar a ser positivo ou lembrar que você é feliz ou amado. Sua energia é uma frequência alojada dentro de você, e quando você está, de fato, vibrando baixo, os bloqueios precisam ser eliminados de modo consciente.

A maioria dos bloqueios energéticos começa em seu campo áurico, que considero como a pele do seu corpo energético. Se um bloqueio for mais profundo, causado por gatilhos pessoais e energéticos, ele penetrará em um ou mais dos oito *chakras* (tipicamente são sete, mas vou considerar outro mais). Os *chakras* estão distribuídos desde a base da coluna até o alto da cabeça. São eles o *chakra* raiz (na base da coluna vertebral), o *chakra* sacral (abdômen inferior), o *chakra* do plexo solar (abdome superior/área do estômago), o *chakra* cardíaco (centro do peito, logo acima do coração), o *chakra* da garganta (garganta), o *chakra* do ouvido (dentro dos ouvidos), o *chakra* do terceiro olho (testa, entre os olhos) e o *chakra* da coroa (bem no alto da cabeça). Como uma observação à parte, existem também centros de energia nas mãos, nos pés e por todo o corpo. Por fim, se um bloqueio não for eliminado durante um certo tempo, ele começará a afetar o corpo físico, podendo ocorrer danos nos sistemas imunológico e nervoso e em músculos, tecidos e órgãos. A energia ruim pode até mesmo se entranhar profundamente em seu DNA — ou chegar ainda mais fundo, até o campo energético ou o corpo de um feto, enquanto a mãe está grávida. Os bloqueios energéticos podem então se tornar um traço geracional, assim como orelhas pequenas ou grandes olhos azuis.

Um dos objetivos de sua desintoxicação é limpar todos os bloqueios ainda na raiz, mas isso pode não acontecer em uma única tentativa. *Esse fato não tem nada a ver com você*. É isso mesmo: a capacidade de eliminar por completo um bloqueio não depende totalmente de você ou de suas habilidades. Lembre-se: quando você trabalha para eliminar um bloqueio energético, Deus controla o quanto desse bloqueio pode ser liberado naquele momento, dependendo do que trouxer o bem maior para todos. O tempo que demora para que seus bloqueios sejam limpos pode estar ligado à frequência, à necessidade de aprender antes alguma lição ou a uma linha do tempo divina que você não conhecerá até que o bloqueio desapareça e você possa conectar os pontos *a posteriori*. Esse é o aspecto curioso quanto à limpeza. Depois de começar a desfazer um bloqueio, você pode talvez experimentar o milagre mais incrível que já conheceu — ou pode apenas se sentir um pouco melhor do que antes. Como uma flor que floresce quando está pronta, tudo acontece em seu próprio tempo divino e perfeito.

A melhor maneira de descrever a configuração de um bloqueio é ilustrando o que sinto sempre que faço uma sessão de cura, limpeza ou ativação em alguém. Nesses processos, gosto de manter a mão a cerca de oito ou dez centímetros de distância da pele da pessoa, que é onde o bloqueio se instalaria no campo áurico dela, e então mover a mão seguindo o contorno do corpo da pessoa. É algo que também faço na maioria dos atendimentos remotos. Não é necessário que você esteja fisicamente diante de uma pessoa para trabalhar o corpo energético dela. Durante o procedimento, presto atenção em cada um dos oito *chakras* da pessoa. Se houver um bloqueio na aura, em algum dos *chakras* ou em qualquer lugar do corpo físico, vou sentir um ardor nas mãos, ou uma espécie de tensão, como se elas estivessem sendo repelidas por um ímã. Também recebo pistas intuitivas sobre a localização dos bloqueios. Às vezes, sinto a textura do bloqueio, que dá a sensação de uma bola quente, pesada e viscosa. Posso perceber, ainda, quando o bloqueio tem raízes profundas, como um canteiro tomado por ervas daninhas que pedem para serem cortadas como se minha mão fosse um aparador de grama, ou arrancadas com um gesto como o de arrancar ervas, ou varridas de modo semelhante a uma vassoura limpando detritos e sujeira. Alguns agentes de cura podem olhar para a pessoa e ver uma cor ou um visgo na área bloqueada. Podem também sentir o bloqueio em seu próprio corpo, coisa que também acontece comigo. Honestamente, a maioria das formas de bloqueio difere umas das outras, dependendo da percepção da pessoa, do bloqueio e do agente de cura. Um bloqueio intenso, enraizado em décadas de trauma geracional, pode ter uma "assinatura energética" nunca encontrada por mim, já que é criado pela pessoa que estou curando, por aqueles conectados ao bloqueio e toda a energia geracional que o formou. Discutirei os bloqueios geracionais detalhadamente mais adiante, neste capítulo. Por enquanto, saiba que os bloqueios em sua maioria são únicos, uma vez que a energia que os cria é muito pessoal.

Os bloqueios energéticos desaceleram, diminuem ou impedem sua capacidade de ser a melhor versão de você. O sistema de orientação interna de sua alma é emudecido quando seu corpo está repleto de bloqueios tóxicos, e você não pode tomar as decisões mais sábias para si mesmo ou para aqueles que dependem de você. Quando em seu estado mais natural, no qual a energia filtrada flui livremente através de você, clareza e direção se fazem presentes. Você se sente levado a usar seus dons sobrenaturais para o bem maior. Sua energia elevada o mantém alinhado com seu poder superior e sentindo-se saudável de várias maneiras.

Quando os bloqueios atrapalham o brilho de sua luz — em outras palavras, o alinhamento com sua natureza mais verdadeira, como Deus quis que você vivesse —, isso é o equivalente energético de se empanturrar de porcarias e esperar se sentir como um triatleta bem alimentado. Os bloqueios afetam você em todos os níveis — físico, espiritual e emocional. Eles podem desencadear doenças físicas, dor, fadiga e dores de cabeça. Você também pode se sentir espiritualmente afetado, com sonhos sombrios e intuitivos sobre um crime ou uma memória traumática — e até mesmo se sentir perdido ou abandonado por Deus e seus arcanjos. Emocionalmente, pode se sentir à beira de um colapso, chorando por qualquer coisa. Em todos os casos, os bloqueios fazem parecer que sua alma está lhe alertando para algo muito errado, mas você não consegue identificar o problema nem o sanar. Você se sente preso no lugar e não entende por que tantas coisas, em todos os aspectos da sua vida, estão indo mal. Quanto mais bloqueios você acumula, mais difícil se torna reconhecer a si próprio, já que está ocupado demais tentando se sentir normal dia após dia. Você faz um esforço para seguir em frente e sobreviver, apesar do caos em sua vida pessoal e profissional. Negócios deixam de ser fechados, relacionamentos passam por dificuldade, eletrodomésticos quebram — toda e qualquer coisa que possa impedi-lo de ter um dia agradável acontece à sua volta. Esses são todos sinais enviados pelo universo de que sua realidade atual está sendo muito prejudicada pelos bloqueios em sua vida.

COISAS RUINS VÊM EM TRÊS

Existem três categorias de bloqueios de energia que normalmente vejo em clientes antes de uma desintoxicação. São os três tipos principais que precisam ser limpos para uma saúde física e mental ótima e também para que você tenha acesso aos dons espirituais. Eles constituem os bloqueios mais comuns e destrutivos. São aqueles que Deus me mostrou serem cruciais para a desintoxicação dos corpos energético, espiritual e físico.

Os primeiros bloqueios que costumo encontrar são chamados de Bloqueios Traumáticos; eles decorrem de eventos passados que criam energia tóxica em termos emocionais e energéticos, a qual se aloja no campo áurico e no corpo físico, muitas vezes devido a abandono, abuso, perda, luto, relacionamentos ruins e coisas assim. Esse tipo de bloqueio manifesta-se como sentimentos de mágoa, vergonha, raiva, ciúme, inutilidade e discórdia. Muitas vezes, essa experiência dolorosa se introduz em seu sistema de crenças, torna-se a narrativa que você conta a si mesmo e aos outros e que, em última análise, controla sua identidade. Tudo isso faz com que você inconscientemente reproduza o mesmo problema, de novo e de novo. Os padrões emocionais, mentais e comportamentais reforçam o bloqueio de energia e, em seu dia a dia, fazem com que você se sinta preso e o impedem de seguir em frente.

A segunda categoria são os Bloqueios Ambientais. Você adquire esses bloqueios de forma empática, quando absorve a energia do seu ambiente ou daqueles em seu espaço imediato (como em uma sala lotada) ou em sua vida em geral (um ente querido de mau humor). Do nada, pode sentir uma dor de cabeça ou algum pensamento ou sentimento do qual não consegue se livrar, como ansiedade, culpa ou sobrecarga. Sabe que este é um Bloqueio Ambiental, e não um bloqueio inconsciente criado por si mesmo, porque ele aparecerá de repente, será o oposto de como você se sentia naquele momento, e você será incapaz de descobrir sua gênese. No início, pode achar que causou o bloqueio, mas com suficiente exploração, talvez perceba que ele não começou com você. Muitas vezes, experimentamos pensamentos, emoções e doenças físicas que acreditamos serem nossa tarefa resolver, mas que vêm de alguém ou de outro lugar. Limpar Bloqueios Ambientais ajuda você (e aqueles ao seu redor) a funcionar melhor.

A terceira categoria são os Bloqueios Familiares, que incluem tanto os Bloqueios Geracionais quanto os Bloqueios Gestacionais. Quando um bloqueio fica gravado em nossos corpos em um nível celular — penetrando até o DNA — e pode ser transmitido de uma geração para a outra, ele é chamado de Bloqueio Geracional. Clientes com essas questões veem-se tentados a repetir padrões negativos, tanto conscientes quanto subconscientes, que foram entranhados neles por suas mães e avós, pais e avôs. Por exemplo, quando a mãe da minha esposa estava grávida dela, ela perdeu a casa após um divórcio e tinha pouco dinheiro. Então, quando estava grávida de Zion, Mandy começou a sentir um medo avassalador e infundado de perder *nossa* casa e de também ter problemas financeiros. Isso não fazia sentido lógico na época, porque estávamos indo bem. Foi, no entanto, uma grande pista para saber que Mandy tinha Bloqueios Geracionais transmitidos a ela em decorrência da experiência dolorosa de sua mãe. Outro exemplo é que meu avô, meu pai e eu tínhamos, na infância, o mesmo medo inexplicável de agulhas. A resposta emocionalmente carregada imprimiu-se em mim e nos campos de energia daqueles que me precederam. Pode parecer a partir deste exemplo que os Bloqueios Geracionais podem ser aprendidos, mas não é o caso. É uma transferência energética. Eventos da vida real atuam como gatilhos para a energia, as emoções e as memórias que estão armazenadas em suas células. Outro exemplo de como as memórias, que têm energia, podem ser armazenadas nas células do corpo são os pacientes que recebem transplantes de órgãos. De repente, eles anseiam por alimentos de que nunca gostaram, têm novos *hobbies* e assistem a programas que antes odiavam, porque todos esses eram hábitos do doador dos órgãos.

Ao contrário dos Bloqueios Geracionais, os Bloqueios Gestacionais ocorrem apenas durante os nove meses em que a criança está no ventre da mãe. Como cada pensamento e cada trauma têm sua frequência energética, eles podem criar Bloqueios Gestacionais através de canais energéticos enquanto o bebê partilha do corpo de sua mãe. As crenças, emoções e experiências da mãe transferem-se para a criança — que então cresce e transmite isso geneticamente para *seus* filhos por meio de Bloqueios Geracionais ou Gestacionais. Isso pode acontecer se sua mãe ficou doente durante a gravidez ou, se uma portadora gestacional, ou barriga de aluguel, tem dificuldades emocionais para se desapegar do bebê que está carregando. Também já vi isso em clientes, quando uma mãe tem um bloqueio no coração por se sentir desamparada pelo parceiro durante a gravidez ou quando uma mãe está em um relacionamento abusivo ou usa drogas enquanto está grávida. A criança então desenvolve os mesmos bloqueios (desconfiança dos homens, problemas de apego, e assim por diante) que sua mãe apresentava ao longo da gestação. Por outro lado, se algum evento terrível ocorrer durante a gravidez — digamos que a mãe contraia uma doença com risco de morte —, mas a mãe confia em seu médico e não sente medo, raiva ou outra emoção negativa em torno desse diagnóstico, nenhum bloqueio se formará. Sentir-se confiante sobre sua saúde não cria uma resposta negativa e emocional, e por isso, mesmo que a doença em si seja assustadora e perigosa, ela não deixará um bloqueio gestacional no bebê.

INFLUÊNCIAS INTERNAS *VERSUS* INFLUÊNCIAS EXTERNAS

Qualquer bloqueio que você encontrar será estimulado por influências internas e externas — e quero chamar sua atenção para isso, por algumas razões. Primeiro, é importante estar ciente de quais são os componentes que constroem seus bloqueios e, em seguida, amplificá-los para lhe permitir dar seu melhor de forma a evitá-los no futuro. Muitas vezes, o simples fato de estar ciente daquilo que causa e alimenta seus bloqueios é suficiente para iniciar uma mudança de energia. O ato de saber liberta você de estados negativos como negação e frustração, elevando-o para frequências mais neutras ou positivas. Essa consciência pode atuar como um trampolim em direção a uma vibração mais elevada e sentimentos mais positivos, como gratidão, perdão e amor. Se você aproveitar o momento emocional e energético, talvez se sinta encorajado a limpar o bloqueio. Às vezes, o trabalho de energia *não* é suficiente para eliminar um bloqueio; você pode precisar combiná-lo com o trabalho emocional para liberar-se totalmente dele. Incluí exercícios terapêuticos fáceis na Parte II deste livro, de modo que você saiba em que ponto do processo de desintoxicação poderá fazê-los.

As influências internas são as mais fáceis de controlar. Não quero dizer que sejam simples de explorar, porque não são; as influências internas vivem apenas dentro de você, de modo que, com *insight* suficiente, você pode encontrar sentido nelas e dar início a mudanças. Fatores internos tendem a instalar-se profundamente dentro de sua psique, e você saberá que identificou algum deles porque sua mente autoprotetora pode querer ignorá-lo. Em qualquer momento de nossas vidas, podemos criar influências internas que alimentam bloqueios, embora em meus clientes os gatilhos relacionados com traumas tenham a tendência de se desenvolver durante a infância. De qualquer modo, as influências internas envolvem a maneira como você processa emocionalmente e se sente quanto a relacionamentos com amigos, colegas, família, parceiro, e assim por diante. Elas estão relacionadas com sentimentos dolorosos e difíceis de digerir, como vergonha, medo e arrependimento. Todas as escolhas que você faz também contam como influências internas, já que a tomada de decisão é um processo mental. É preciso ter coragem, expressar sua verdade e sair da zona de conforto para vencer bloqueios alimentados por fatores internos. Libertar-se dessas influências internas prejudiciais ajuda você a chegar ao núcleo de um bloqueio mais depressa do que se tivesse que lidar com algum fator externo que alimenta uma barreira.

As influências externas que alimentam bloqueios podem ser mais difíceis de controlar, principalmente por envolverem pessoas, bem como circunstâncias que não estão dentro de você. Os fatores externos negativos que alimentam os bloqueios e abalam sua energia envolvem coisas que são *feitas ou ditas a você* por sua família, por um cônjuge, por colegas — além de fatores externos que distorcem a energia, como campos eletromagnéticos, poluição, fontes elétricas, a terra sobre a qual você vive, sua proximidade com linhas de energia, o clima global e até mesmo *fast-food*. Isso porque que muitas vezes você não consegue prever quando uma influência externa vai tirar sua paz, uma buzina tocada na estrada ou um telefonema mal-humorado de seu pai podem realmente virar sua energia do avesso. Você não tem como se preparar para esse ataque, então o melhor que pode fazer é sustentar uma vibração elevada e esperar que a investida não tenha êxito.

Frequentemente, os bloqueios são causados por um caldo confuso de influências internas e externas — o que é uma das razões pelas quais pode ser difícil desembaraçar-se da energia ruim. Minha cliente Debra me procurou quando sua empresa de saúde, avaliada em 20 milhões de dólares, estava com desempenho abaixo do esperado, sua mente parecia abarrotada de autofalas negativas e ela queria desesperadamente um namorado gentil e amoroso. Olhando para Debra, parecia que tinha tudo — ótimos negócios, casa elegante, uma aparência bonita. Mas por dentro ela estava perturbada. Também sofria de enxaquecas debilitantes, que a faziam passar horas encolhida no chão do aposento mais escuro que pudesse encontrar. Os bloqueios de energia estavam em sua aura, nos *chakras* e no corpo.

Depois de escanear o corpo de Debra e de aplicar minha intuição, reconheci que na raiz dos problemas dela estava o pai tóxico, uma influência externa da qual ela não conseguia se livrar. O pai havia traído a mãe de Debra e se divorciado dela quando a filha era jovem; ele menosprezava Debra e abusou emocionalmente dela por toda a vida. Isso fez com que ela sentisse uma culpa e uma vergonha tremendas na maioria das decisões que tomava. Debra escolhia parceiros que a lembravam de seu pai por terem comportamento que era familiar. Ela chegou a contratar os funcionários que achava que o pai gostaria, mesmo que ele não trabalhasse na empresa dela e sequer na mesma área. Não é surpresa que isso tenha tornado um pesadelo seu ambiente profissional. Embora sempre fizesse escolhas ruins com base em seu passado, o ponto central de seu bloqueio era externo, uma vez que a energia de seu pai era incontrolável e intimidadora. O mais espantoso é que Debra investiu muito na terapia, durante anos, trabalhando com um *coach* de vida e participando de muitos retiros espirituais de uma semana — mas sua energia continuou sendo um problema.

Debra estava tão desesperada em busca de ajuda que minha esposa e eu cancelamos todos os compromissos do dia para trabalhar apenas com ela. Trabalhei com Debra para eliminar seus bloqueios energéticos usando técnicas que incluí neste livro. Mandy, que tem formação mais terapêutica, ensinou a ela sobre limites, autofala positiva e como se libertar emocionalmente das garras do pai. Alguns meses depois de voltar para casa, Debra recebeu uma oferta de compra de sua empresa e conheceu um homem carinhoso, bem-sucedido e sincero com quem está namorando até hoje — uma série de eventos que ela poderia ter levado anos, ou mesmo décadas, para alcançar. Ela se desintoxica a cada poucos meses e utiliza muitas das técnicas deste livro como parte de sua prática diária de meditação. Ela se sente calma, feliz, realizada e, o melhor de tudo, livre do controle do pai. Sinto um orgulho incrível da reviravolta dramática de Debra, que ocorreu em tão pouco tempo.

SEUS DONS TALVEZ NÃO O SURPREENDAM

Ao fazer a desintoxicação, você não apenas se sente melhor, mas também abre um caminho energético para que seus dons espirituais e seu propósito de trabalho venham à tona. Alguns clientes reconhecem seu dom primário na hora, outros sempre souberam qual é ele, e ainda outros passaram a vida fugindo de suas habilidades. Também é comum que você não tenha a mínima ideia quanto a seu dom. Não importa qual seja sua situação, seu dom primário vai se manifestar com tudo por volta do dia 5 ou 7 da desintoxicação. Você irá perceber que algum dom está começando a se manifestar dentro de si, pois vai sentir que está sendo dominado pelas mais incríveis características dele. É possível que tenha sonhos vívidos que não consiga impedir, que se torne sensível às emoções e aos pensamentos de outras pessoas, ou que sinta um calor insaciável nos braços e nas mãos, caso seja um agente de cura. A energia que está por vir também pode se apresentar como ansiedade, dores de cabeça, tonturas ou pressão na cabeça, que nunca são divertidas, mas que ainda assim constituem uma pista relevante de que seus dons estão preparados para aflorar. São sinais de que o universo o está chamando para liberar essa energia através do seu dom.

É possível que seu dom espiritual sempre tenha feito parte de você, talvez se revelando pouco a pouco, mas que sua mente e sua alma simplesmente não soubessem como transformar essas habilidades aleatórias em um trabalho de propósito espiritual. Certo ano, cedemos nosso centro de retiros para o xerife de nossa cidade, que fez uma festa de Natal para seu departamento. Naquela noite, tive uma conversa fascinante com um dos principais detetives, chamado John, um verdadeiro gênio na solução de crimes. Ele perguntou o que eu fazia para viver, e daí a pouco estávamos conversando sobre *chakras*, cristais e espiritualidade — assuntos que para ele eram novidade. Contei que já tinha tido clientes que também eram detetives e que eles usavam seus dons espirituais para melhorar o desempenho no trabalho. John ficou boquiaberto. Relatei-lhe como um policial de uma unidade antidrogas conseguia literalmente sentir o sabor da droga que uma vítima de *overdose* havia consumido e outro policial podia tocar uma prova e saber de forma instintiva como ela estava relacionada com seu caso. Quando mencionei um terceiro detetive que muitas vezes ouvia uma voz orientando seu trabalho, os olhos de John se arregalaram. "Eu também já ouvi essa voz!", exclamou. John disse que, certa vez, atendeu a uma ocorrência em que um homem havia roubado uma loja de bebidas e que, ao chegar à casa dele para prendê-lo, ouviu uma voz sussurrar, "Abaixe-se!", e obedeceu. Nem um segundo depois, uma bala passou raspando o alto de sua cabeça e quase o matou. John não sabia de onde havia vindo aquela voz, e então lhe falei sobre orientação espiritual, dons e a importância da desintoxicação para manter os canais divinos abertos para o bem maior. Aquela conversa levou John a abrir ainda mais seu terceiro olho e despertou tanto sua curiosidade que começamos a trabalhar juntos para que eu lhe ensinasse como desintoxicar e fazer uso regular de seus dons. Recentemente, John contou para mim que acabou de receber uma promoção no trabalho e que está no processo de escrever um livro e um roteiro de TV sobre sua jornada.

Se tentar acessar seus dons antes da desintoxicação, você talvez descubra, como alguns clientes, que sua energia não é limpa o suficiente para um resultado positivo. Por exemplo, se você abrir o terceiro olho sem antes ter trabalhado questões relacionadas com a negatividade, o medo e a raiva, suas habilidades podem lhe parecer exaustivas. Você também vai sintonizar com outros eventos negativos — porque, de novo, os semelhantes se atraem. Se o seu dom lhe mostrar que é um canalizador inato, mas você não tiver se desintoxicado, vai ter acesso ao mundo espiritual, mas é provável que se conecte com entidades negativas e sombrias, em vez de arcanjos e outras almas elevadas que caminham na luz. Tive uma cliente, chamada Disha, que sempre era visitada por entidades raivosas e sombrias — muitas vezes na cama ou no chuveiro. Sem saber, ela alimentava essa energia pesada assistindo a filmes assustadores, consultando videntes de fundo de quintal que afirmavam que os maus espíritos estavam presos a ela e tendo discussões frequentes com a família. Disha sentia que estava perdendo o controle da realidade e não conseguia escapar dessas assombrações constantes e fantasmagóricas. Toda essa constelação de tormentos contribuiu para colocar Disha em uma frequência muito baixa, na qual somente experiências e almas negativas estavam disponíveis para ela. Quando ensinei a Disha como limpar sua energia, ela contou ter dormido tranquilamente pela primeira vez em um ano. Depois de praticar em casa passos adicionais de desintoxicação, Disha relatou não ter tido mais nenhum encontro assustador. Seus demônios foram abatidos.

Os dons podem evoluir e se combinar, mas, se você não tomar cuidado, podem também desaparecer. Todo o nosso trabalho espiritual é feito para alinhar, mas pode ser difícil ver a floresta por causa das árvores. Conheço uma agente de cura que fez uma limpeza em um vidente e durante a experiência teve uma série de visões confirmadoras. Esse fato serviu de incentivo para a agente de cura e a fez sentir-se mais confiante quanto a seu dom, levando-a a ajudar mais pessoas do que antes. Dito isso, também vi clientes ganharem habilidades tremendas com uma desintoxicação, mas, depois de uma série de experiências negativas, viram sua energia cair. Essa vibração mais baixa faz com que as habilidades diminuam, fiquem bloqueadas de uma ou outra maneira ou desapareçam completamente. Esta última ocorrência é comum caso seu ego se envolva. O universo vai desligar seus dons como quem desliga uma luz, e você perde por completo as habilidades espirituais que teve no passado.

RECOMPENSAS INESPERADAS

Uma das minhas partes favoritas da desintoxicação é quando os clientes notam pequenas mudanças úteis que não se encaixam nas categorias de dons e de propósito de trabalho; nesse caso, os dons apenas melhoram a vida deles e confirmam que um poder superior protetor os está direcionando no rumo certo. Isso acontece porque você está se abrindo para diferentes realidades e frequências. Pode ficar mais fácil sentir direcionamento, proteção e orientação, mesmo no caso de tarefas diárias. Você pode ter algum pressentimento sobre aceitar ou não um emprego, abrir mão de uma viagem, comprar um livro ou tomar um caminho diferente para o trabalho. Também pode descobrir que os relacionamentos, o lar, o sono, a saúde, o trabalho e as finanças mudam para melhor. E, embora a cura de doenças físicas não constitua nosso objetivo com a desintoxicação energética, os males do corpo podem ter uma melhora ou desaparecer por completo — vi isso com meus próprios olhos. Às vezes, ao eliminar bloqueios do seu corpo energético, você afasta também a energia relacionada com uma doença. Então, se você pretende limpar um bloqueio no coração, não importa se ele é causado por uma doença ou pela dor emocional de um rompimento; sua desintoxicação limpa a energia, independentemente disso. Em qualquer situação, quando estiver fazendo uma desintoxicação geral, tenha a fé de estar eliminando tudo o que precisa ser abolido na cura — naquele momento específico, para o bem maior de todos. Deus não elimina o que você quer, mas o que você precisa para que sua vida possa fluir. A obra de Deus pode não fazer sentido no momento, mas confie no processo. Em breve, você verá como o universo onisciente reorganizou sua vida para permitir que seus dons e propósito mudem seu mundo.

MAIS RECURSOS E *DOWNLOADS* GRATUITOS

Fiz um vídeo poderoso, que aborda com mais detalhes os bloqueios de energia e, sobretudo, descreve os meios pelos quais você pode se libertar deles agora, para poder passar para o próximo capítulo de sua vida, empoderado, livre e feliz. Baixe o vídeo (em inglês) gratuitamente aqui: www.SpiritualActivator.com/energyblocks.

PARTE II

**SEU PLANO
DE QUINZE DIAS**

DIAS 1 A 3: PROTEJA SUA ENERGIA

O passo inicial de sua desintoxicação energética é passar os três primeiros dias do programa aprendendo como proteger a energia de seu corpo e de seu campo áurico. Isso dará um descanso à sua mente e protegerá sua vibração contra a infiltração de quaisquer novas cargas energéticas. É um processo parecido com uma desintoxicação alimentar, no qual primeiro você elimina de sua dieta os alimentos nocivos e passa a comer alimentos de fácil digestão e assimilação, conforme seu sistema se limpa e é curado. Assim como esses alimentos novos e mais saudáveis oferecem proteção contra toxinas adicionais que entrem em seu corpo físico, as técnicas de salvaguarda espiritual que ensinarei neste capítulo irão protegê-lo de contaminantes energéticos.

Mas por que se preocupar com a proteção espiritual? Como discutimos, todos os dias você enfrenta um campo minado de negatividade que influencia a energia dentro e fora do seu corpo. E, sem proteção, a energia do ambiente, inclusive de pessoas e outros fatores, afeta sua frequência — nem sempre da melhor maneira. A proteção pode fazer a diferença entre um dia que você desfruta e um dia que o debilita por completo. É essa energia negativa sombria e estranha que se desenvolve e alimenta os bloqueios. Assim, se você passar um tempo significativo com um amigo ou parceiro tóxico, sem proteção diária, a energia da pessoa se envolverá profundamente com a sua e terá o potencial de afetar seus pensamentos e sentimentos, o que pode também distorcer sua energia interna. Portanto, antes de fazer qualquer outra coisa, você deve aprender a proteger seu corpo da energia negativa externa que emana de amigos, colegas, familiares, *wi-fi* e outras fontes poderosas. Tais técnicas também ajudarão a manter sua energia interna segura. Afinal, a energia negativa dentro do seu corpo pode causar pensamentos e emoções que alimentam as escolhas que você faz e a forma como processa seus sentimentos. Vamos abordar as maneiras de livrar-se dessas toxinas no próximo capítulo, que trata da limpeza mais profunda.

Você pode ficar surpreso ao perceber até que ponto a energia externa negativa não apenas existe a seu redor e dentro de você, mas como ela também pode afetar sua saúde física e mental. É por isso que criar uma proteção eficaz é tão imperativo. As influências negativas estão por toda parte. Vamos usar o exemplo da ida diária até seu local de trabalho. Indo para o escritório, você pode se deparar com um maquinista mal-humorado, absorver uma mistura de vibrações carregadas, irritadas e amargas de outros passageiros, receber energia tóxica da fiação aérea que alimenta o trem, sentir-se empurrado e irritado pelas pessoas que têm pressa para sair quando as portas se abrem, percorrer ruas repletas de pedestres autocentrados, ouvir uma cacofonia de buzinas e sirenes soando enquanto caminha em meio à poluição até seu trabalho e então finalmente — finalmente! — participar de uma reunião na qual se vê rodeado por colegas ansiosos e estressados. Percebe aonde quero chegar? Embora mal tenha começado seu dia, sua energia já precisou enfrentar incontáveis frequências que, sem uma proteção espiritual, poderiam fazer com que sua própria energia embarcasse em uma verdadeira montanha-russa. Sem proteção, uma atividade diária indispensável, como a ida ao trabalho, pode desencadear ou fomentar um estado crônico de sofrimento.

Se você criar e utilizar um escudo energético como o que aprenderá a construir neste capítulo, garanto que sua energia estará totalmente protegida e, o melhor de tudo, irá ajudá-lo a focar e fortalecer ambições positivas como abrir um negócio, assumir seu propósito de trabalho, encontrar uma casa nova, alcançar o bem-estar ideal, sustentar sua família ou simplesmente se sentir em paz. Raiva, vergonha, arrependimento e outros sentimentos negativos podem também se alojar de modo intenso em seu campo energético e nos *chakras*, uma vez que criam pensamentos perturbadores que carregam baixa energia. Para limpar tal energia, você deve estrategicamente liberar a dor associada a ela e elevar sua vibração; você vai aprender como fazer isso no próximo capítulo.

Neste capítulo, abordaremos o motivo pelo qual a proteção é essencial e veremos técnicas específicas de proteção, bem como histórias marcantes de clientes cujas vidas foram mudadas por terem aprendido a se proteger, o que constitui o primeiro passo importante para a desintoxicação energética.

QUANDO CRIAR PROTEÇÃO

Existem três ferramentas que uso para proteger a energia. Gostaria que você tentasse uma por dia, passando a usá-las de forma conjunta com o decorrer dos dias. Chamo isso de sobreposição. Seu escudo de proteção irá sobrepor (1) o poder da intenção, (2) a geometria sagrada e (3) a terapia de cores e luz e, assim, formar o escudo energético que vai protegê-lo da negatividade externa. Descobrir qual combinação de técnicas funciona melhor é um processo pessoal e intuitivo de tentativa e erro, sem respostas erradas. Após os três dias, você terá algumas opções que o farão sentir-se mais confiante no enfrentamento de vibrações negativas. Realize esta prática diariamente, logo pela manhã, para acostumar-se com a sensação de começar o dia com clareza, energia, paz e proteção.

FERRAMENTA 1: INTENÇÃO
O primeiro modo de proteção é a intenção, na qual você se concentrará durante o dia 1. Ao estabelecer uma intenção, você está pedindo ao universo que seu pedido se materialize no mundo real e em uma frequência elevada. Gosto de assegurar-me de que toda intenção tenha três partes: o que você quer, o que você quer eliminar e o que você gostaria de experimentar ao longo do dia. Para criar uma intenção, feche os olhos, respire fundo e diga algo assim em voz alta: "Estabeleço a intenção de ser protegido contra a energia negativa. Quero deixar de fora tudo o que não for para o bem maior. Por favor, envie-me energia baseada no amor para combater qualquer negatividade que eu possa encontrar hoje". Recitar isso ao despertar ou antes de entrar em uma situação que possa afetá-lo (estar em um ambiente lotado ou uma reunião com alguém conhecido que você sabe que afeta ou drena sua energia) não apenas protege você o dia todo, mas também estabelece um hábito que o faz começar o dia com o pé direito.

À medida que o dia 1 transcorrer com essa proteção intencional, aumente sua consciência daquilo que acontece a seu redor. Você pode perceber sincronicidades surpreendentes, mas bem-vindas, como dormir demais por acidente, e depois descobrir que evitou um acidente na ida para o trabalho, ou faltar a uma consulta em uma clínica dentária apenas para descobrir mais tarde que seu dentista preferido estava de férias. Eventos frustrantes também podem vir à tona, como um projeto lucrativo que é cancelado ou um e-mail que o deixa contrariado — em casos como esses, você deve confiar que Deus tem planos melhores para você, os quais vão estar sincronizados com seu iminente estado claro e energético. Frequentemente, não percebemos que as coisas estão de fato acontecendo para nós, e o que parece um "fracasso" ou "punição" é realmente a melhor coisa naquele momento. Por exemplo, digamos que você queira escrever um livro e seja rejeitado por uma editora. Naquele momento, pode parecer rejeição, mas e se isso tivesse acontecido porque em trinta dias outra editora faria uma oferta até melhor do que você esperava? Muitas vezes, se ampliássemos a escala temporal pela qual enxergamos as coisas, perceberíamos que a vida está de fato acontecendo para nós, mesmo que não pareça.

Embora sua intenção inicial seja suficiente para protegê-lo ao longo do dia e ajudá-lo a permanecer no controle, você também pode adicionar uma segunda ou uma terceira intenção diante de situações precárias. Por exemplo, se está indo para um importante almoço de negócios, pode dizer: "Deus, por favor, me encha de amor, coragem e força. Elimine todas as energias negativas e de nível inferior durante este almoço. Quero sentir apenas emoções positivas, para o bem maior de todos". Pode até acrescentar um prazo de validade a seu pedido e, como sua intenção para o dia já foi estabelecida, tal período pode ser tão breve quanto você desejar. Assim, se você sente o estômago se revirando ao avistar um bando de mães desagradáveis na hora de deixar as crianças na escola, tente afirmar: "Na próxima hora, por favor, ajude-me a sentir simpatia, alegria e paz — e proteja-me de qualquer pessoa ou de qualquer coisa que possa diminuir ou desperdiçar minha energia, para o bem maior de todos". Se sei que estou indo para um jantar de família com potencial de conflito, ou a um shopping lotado para compras de fim de ano, recito esta intenção — "Deus, por favor, pelas próximas doze horas me proteja de toda energia tóxica, negativa e gerada por medo" — e isso resolve o problema. Conforme você fica mais à vontade para estabelecer esse tipo de proteção, criar intenções com limite temporal é um exercício divertido de tentar, pois pode acompanhar em tempo real a eficiência de sua proteção. Ou você sente a calma sutil que vem com a realização de uma intenção — ou não sente, e aí pode reformulá-la e tentar de novo. Eu adorava essa prática enquanto estava aprendendo a estabelecer proteção, pois ela aumentava minha confiança no processo. Com o tempo, uma única declaração de intenção pode ser suficiente para protegê-lo pelo dia inteiro ou durante um momento difícil.

A essa altura, tenho certeza de que você notou que estabelecer uma intenção se parece muito com fazer uma oração. Isso porque a energia depositada em uma declaração de intenção é a razão pela qual uma oração funciona. Quando uma intenção positiva vem de fato de seu coração, cujo campo energético é maior até mesmo do que o campo do cérebro, você está fazendo o pedido com uma emoção profunda que eleva sua vibração. E, ao invocar um poder superior ou Deus para que seu pedido seja atendido, você entra na vibração dinâmica de confiança que pode colocar o processo em ação. Declarações sinceras e honestas de intenção implicam que você saiba que está cocriando com um poder superior e entregando-se à proteção de Deus, que tem a inteligência e a capacidade de atender a um pedido. Você confia que Deus fará o que for necessário.

FERRAMENTA 2: A GEOMETRIA SAGRADA
No dia 2 de sua limpeza, você acrescentará a geometria sagrada a seu escudo de proteção. A geometria sagrada atribui significado simbólico e sagrado a certas formas geométricas. Existem inúmeros tipos de geometria sagrada à sua disposição, e por isso sugiro que, para começar, você jogue com três formas. Minhas formas favoritas são a pirâmide tridimensional, a esfera e a espiral — são os símbolos mais comuns encontrados na natureza e na arquitetura, além de também serem muito eficazes.

Se essas formas não ressoam com você, há muitas outras que podem ser usadas. Elas englobam estrelas, pirâmides, flores, octógonos, espirais, treliças, túneis, funis, favos de mel, teias de aranha, triângulos, jardins, pentágonos, tetraedros, a Mão de Fátima (popular nas culturas do Oriente Médio) e o Nó Tibetano (você pode tê-lo visto em pulseiras, joias e tapetes). Essas formas sagradas podem ser encontradas em pirâmides egípcias, conchas, folhas, na Estrela de Davi, em pinturas, flocos de neve, arquitetura, templos e igrejas. Até mesmo seu DNA tem o formato de uma escada de mão — isto é, uma hélice dupla tridimensional.

Quase todas as culturas humanas de alguma forma fazem referência à geometria sagrada, desde os antigos entalhes em rochas e pinturas rupestres. Filósofos gregos e romanos teorizaram que a geometria sagrada é o projeto arquitetônico para a vida e acreditavam que o plano geométrico de Deus formava a base de toda a matéria. Supunha-se até que formas geométricas específicas tinham significados simbólicos ou espirituais. Nas tradições xamânicas, a geometria sagrada transmite mensagens do mundo espiritual, e há muitos relatos antigos cujos autores afirmavam que frutas frescas colocadas no interior das pirâmides egípcias teriam sua decomposição retardada.

Mais recentemente, um pesquisador chamado Bill Kerell, que realiza experimentos usando pirâmides e artêmias (pequenos crustáceos marinhos), descobriu que as artêmias costumam viver de seis a sete semanas, mas se forem colocadas sob uma pirâmide podem viver por mais de um ano. Ele também observou que, nesses espaços, elas alcançam até três vezes seu tamanho normal. Ainda, em um estudo hospitalar canadense realizado em uma enfermaria de queimados, os médicos colocaram os pacientes sob uma estrutura em forma de pirâmide por alguns minutos e descobriram que isso reduziu a dor, e as queimaduras cicatrizaram muito mais rápido. Acredito que isso aconteça porque a geometria sagrada protege o que está dentro, acima, em volta e abaixo dela, uma vez que ela armazena uma energia surpreendente para o bem. Você pode obter benefícios semelhantes comprando uma cama em forma de pirâmide, usando um chapéu em forma de pirâmide (minha esposa e eu fazemos isso em casa!) ou dormindo com uma pequena pirâmide de cobre sob a cama. Muitos escudos para proteção eletromagnética que você pode comprar *on-line* também têm forma de pirâmide.

Símbolos de geometria sagrada literalmente surgiam em minhas visões e sonhos, e eu os usava para me proteger e para curar os outros, uma vez que eles são uma parte tão natural de nosso universo. Alguns cientistas afirmam que ver tais formas pode ser mais uma ilusão de ótica do que um fenômeno espiritual. Sabemos que organismos vivos e objetos naturais seguem constantes geométricas e matemáticas, como o Phi ou a proporção áurea (por exemplo, flocos de neve, conchas de náutilos e flores). No entanto, quando as pessoas relatam vê-los ao tomarem drogas alucinógenas, durante experiências de quase morte, após privação sensorial ou lesões cerebrais traumáticas, com epilepsia ou esquizofrenia, e ao pressionar os globos oculares, os neurocientistas reagem com ceticismo. Eles dizem que as formas de geometria sagrada são simplesmente a forma como o córtex visual do cérebro mapeia e interpreta o mundo sob certas condições.

Afinal, por que a geometria sagrada tem que ser uma coisa ou outra — ou um fato científico ou uma anomalia espiritual? Esses padrões geométricos compõem nossa realidade e certas condições tornam possível vê-los. Quantas vezes você já ouviu falar de alguém que sofreu uma infecção neurológica ou um acidente de trânsito — e de repente se tornou uma pessoa extremamente intuitiva? Ou tome, por exemplo, o escritor Jason Padgett, que conta em seu livro de memórias *Struck by Genius* como se tornou um gênio matemático após ser agredido com violência em um assalto. Esse incidente mudou o funcionamento de seu cérebro. Ele agora vê padrões cristalinos quando a água jorra da torneira, números que se referem a formas geométricas e padrões fractais em galhos de árvores, entre outras coisas estranhas. A maneira como Jason agora interpreta o mundo revela os padrões matemáticos ocultos nos objetos a nossa volta.

Já vi formas de geometria sagrada acessarem, manterem e amplificarem a energia — em especial, quando pouca coisa mais funciona para proteção ou mesmo cura. Nossos corpos respondem naturalmente à geometria sagrada porque ela está dentro e ao redor de todos nós. A geometria sagrada é a linguagem de Deus, já que está no cosmos — e, mais especificamente, na natureza. Em um *workshop* que conduzi com Mandy, muitos dos alunos haviam vindo para trabalhar seus traumas. Nossa aluna Julia era altamente intuitiva, mas nunca havia reconhecido esse dom e nunca havia desintoxicado sua energia. Como resultado, seu dom da empatia estava desprotegido e era fisicamente debilitante. Ela era hipersensível à energia ambiental, de modo que, à medida que cada participante relatava sua trágica história, Julia sentia-se cada vez pior, com náuseas, enxaquecas, falta de ar e um zumbido nos ouvidos. No meio da atividade, ela estava deitada no chão, cobrindo o rosto com um xale. Levei-a para fora dali e comecei a ensinar-lhe como se proteger. Tentamos combinar declarações de intenção com cromoterapia, mas foi só quando usamos a geometria sagrada que seu corpo se acalmou. Por fim, a combinação de formas que protegeu Julia e permitiu que funcionasse foi imaginar uma pirâmide com uma esfera no topo.

Quando o universo começou a me enviar a geometria sagrada, eu não me encontrava em nenhum estado alterado. Não havia tomado drogas nem sofri alguma lesão cerebral. Quando me abri, naquele vórtice no Arizona, essas formas incríveis simplesmente começaram a vir até mim em momentos aleatórios — em especial durante a noite, bem como durante uma cura ou após realizá-la. Às vezes, ao olhar para um objeto, eu via os símbolos geométricos que o compunham, de forma muito parecida ao que acontecia com Jason Padgett. Durante uns bons sete meses, o universo me bombardeou com geometria sagrada. A frequência com que isso ocorria diminuiu, mas depois as formas começaram a aparecer de maneira intermitente durante os sonhos que me acordavam às três da manhã. Este horário não era coincidência, já que o período entre as três e as quatro da manhã é muitas vezes chamado de "a hora sagrada"; é quando a barreira entre os reinos espiritual e físico é mais tênue. Toda vez que símbolos sagrados apareciam para mim, eu procurava caneta e papel e desenhava as formas para não esquecer. Comecei a ensiná-las como ferramentas de proteção.

Assim, no dia 2, quando estiver sobrepondo suas intenções com a geometria sagrada, eu gostaria que começasse com uma afirmação rápida cujo foco é encontrar a forma certa para você. Enquanto a intenção tem seu foco no resultado desejado, a forma mantém a energia e a intenção juntas para ser ainda mais potente e ter um recipiente. Você poderia dizer: "Por favor, ajude-me a encontrar a melhor forma para proteção!". Então, imagine-se dentro de algumas configurações diferentes de formas, quase como se estivesse em um campo de força, e tente sentir esses símbolos com todos os cinco sentidos. O envolvimento profundo ajudará a forma sagrada a executar sua poderosa magia. Por fim, escolha apenas uma que seja intuitiva.

Agora que você pode se imaginar rodeado por seu símbolo de geometria sagrada, experimente com seu tamanho e sua textura. Deixe a forma tão grande ou tão pequena quanto quiser, dependendo do ambiente onde você está. Para algumas pessoas, visualizar a forma funciona, enquanto outras se beneficiam simplesmente estabelecendo a intenção de serem protegidas pela forma. Use qualquer símbolo que pareça servir para proteção, pelo tempo que lhe convier. Você não precisa se manter fiel a essa forma para sempre. Dê-lhe uma chance por algumas semanas e, em seguida, tente uma outra, se quiser. Escolher a proteção é um processo intuitivo de tentativa e erro, e não há escolhas erradas.

FERRAMENTA 3: TERAPIA DE CORES E LUZ
Para usar a cor como proteção, primeiro estabeleça uma intenção como: "Por favor, me ajude a encontrar a cor que me protegerá da energia negativa" e, em seguida, imagine-se dentro de sua forma de geometria sagrada. Cores diferentes combinam com pessoas diferentes. Durante os *workshops*, eu, em geral, sugiro que as pessoas, primeiro, empreguem a energia da cor dourada e, se ela não for adequada, tentem usar cores como branco, roxo e verde (não sei se há uma razão divina para isso; elas são apenas as mais eficazes). Agora, não se flagele se não conseguir visualizar a cor. Algumas pessoas, por mais estranho que pareça, podem ouvir a cor, sentir a cor, e outras simplesmente não realizam essa parte do processo. Depois de se conectar com uma cor, imagine-a descendo dos céus para preencher sua forma geométrica. Se a cor preencher seu corpo também, tudo bem, mas não é algo obrigatório. Pense na forma geométrica como um recipiente que mantém a luz intacta.

A essa altura, você deve sentir uma conexão profunda com sua cor. Se a cor, no entanto não parecer correta, basta escolher outra. Às vezes, os clientes gostam de usar diversas cores. Brinque com sua(s) cor(es). Torne-a mais escura, mais clara, mais brilhante, mais densa e mais ou menos dinâmica em sua mente. Decida qual é a "textura" dessa luz ou cor. Alguns clientes transformam a cor de uma luz irradiante em um líquido homogêneo no interior de seu símbolo, como uma lâmpada de lava. Experimente até que a intensidade da cor alcance seu máximo; caso se sinta apenas moderadamente afetado, continue derramando luz na forma geométrica. Você alcançará seu objetivo quando se sentir energizado, tranquilo, calmo, ou sentir um formigamento, ou seus instintos lhe disserem que atingiu seu auge — isso varia para cada pessoa. Estabeleça uma intenção para o dia, visualize-se na geometria sagrada, desfrute sua cor — e seu escudo está completo!

ESCOLHA A MELHOR COMBINAÇÃO PARA VOCÊ

Embora o uso desses três componentes para formar seu escudo de proteção possa parecer um exagero, você nunca sabe quando estará prestes a entrar em uma situação intensa, a discutir com um amigo ou a consumir entretenimento ou navegar em redes sociais que provoquem uma forte resposta emocional. Construir um escudo é como construir seu próprio campo de proteção. Imaginar-se dentro de seu escudo possibilita que você viva a vida em sua própria energia — que logo será desintoxicada, limpa e pura. Uma vez que se sinta à vontade com seu superescudo, você pode decidir reduzi-lo. Talvez uma declaração de intenção funcione por si só ou o que funcione seja a combinação de geometria sagrada com a luz. Descobrir as ferramentas mais eficazes para protegê-lo da energia ambiental é uma escolha muito pessoal e intuitiva.

Você pode ser criativo com as imagens que fazem você se sentir em segurança. Já tive clientes que estabeleceram sua intenção e depois visualizaram a si mesmos rodeados por flores que irradiam luz ou por uma estrela cor-de-rosa. Alguns se imaginam no centro de um turbilhão que é tão poderoso que suga as energias negativas dos corpos deles e as lança longe enquanto elas rodopiam em seu interior. Outros gostam de sobrepor sistemas de proteção em que uma bolha de luz gira em uma direção, outra bolha de luz gira em outra direção e uma pirâmide envolve tudo. Tenho até um cliente cujas bolhas de luz mudam de cor, dependendo de onde ele está — roxo se estiver em um shopping lotado e rosa se estiver em uma reunião de família.

Elizabeth, uma cliente minha, tinha uma ansiedade social incapacitante e debilitante. Toda vez que tentava ir ao supermercado, ela não conseguia percorrer metade de um corredor sem ficar extremamente sobrecarregada, e então ia embora de repente. Essa ansiedade a atormentava fazia mais de quinze anos. Ensinei-lhe como se proteger usando o método que você acabou de aprender. Assim, depois de estabelecer uma intenção, ela colocava seu superescudo, que consistia em duas grandes lâminas brancas afiadas que giravam a seu redor aonde quer que ela fosse, na forma de um cilindro. Elizabeth imaginava que as lâminas eram afiadas e, enquanto giravam, cortavam tudo o que não fosse para o bem maior e prestes a servi-la de forma positiva. Usando esse escudo ao entrar em locais públicos onde se sentia bombardeada com a ansiedade e a energia de outras pessoas, Elizabeth finalmente conseguia ser funcional. Sentia-se segura e lúcida; estava pronta para dar continuidade à sua desintoxicação, com confiança e em um estado de tranquilidade.

SIGA COM O FLUXO

Durante a primeira metade deste programa, especialmente nos primeiros três dias, você pode experimentar "efeitos colaterais" emocionais, energéticos e/ou físicos. Embora você esteja apenas no estágio inicial de proteção desta desintoxicação, ter a intenção de aprender sobre sua vibração e de elevá-la o conecta a uma energia maior e universal que afeta sua mente e seu corpo. Os alunos disseram-me que se sentem cansados, têm dores de cabeça, sofrem de síndrome do cólon irritável ou de náuseas, choram, gritam, vomitam, sentem falta de ar e desidratação e lidam com dores de estômago, às vezes até uma semana *antes* do início da aula ou da desintoxicação! Isso acontece porque a energia e as emoções estão ligadas a partes do corpo e órgãos, e seu eu superior sabe que você está prestes a liberar e limpar muita energia. Isso é uma coisa boa; sua energia já dá largada em uma posição vantajosa, por assim dizer. Alguns clientes também me dizem que têm o melhor sono de sua vida ou que sentem uma energia ilimitada antes da desintoxicação ou durante o processo. Há sempre alguns clientes que acordam por volta das quatro da manhã e sentem atração por caminhar pelo labirinto que temos em nosso centro de retiro, por se sentirem muito revitalizados.

Portanto, esteja preparado: seu corpo pode ter novos sentimentos que exijam sua atenção. Siga as sinalizações que eles emitem; pode ser a energia que está se movendo através de você.

O aterramento é um bom complemento para o trabalho energético. O *chakra* coronário costuma ser ativado sempre que o trabalho de energia está envolvido, e por isso precisa ser equilibrado com o *chakra* raiz, que pode aterrar e estabilizar toda a energia que passa através da coroa, para evitar efeitos colaterais de curto-circuito. Sempre que tiver necessidade de se aterrar, experimente este exercício de respiração simples que centraliza e conecta você à sua energia. Encontre um lugar tranquilo para se sentar ou se deitar por cinco a dez minutos (ou pelo tempo que precisar para se sentir relaxado). Em seguida, inspire contando três segundos, segure por três segundos e, em seguida, expire por três segundos. Faça várias repetições desse padrão respiratório e não tenha pressa. Mergulhe na abertura e no relaxamento que ele cria. Se quiser ir mais fundo, pode tentar as respirações contando até cinco segundos em cada fase. Para um aterramento ainda mais avançado, inspire e imagine receber energia positiva, rejuvenescedora e curativa do céu, na cor de sua escolha. Segure essa respiração contando três segundos e imagine-a se expandindo por todo o seu corpo e penetrando em suas células. Quando expirar, imagine estar liberando toda a negatividade que absorveu ao longo do dia. P. S.: estes exercícios de aterramento são úteis sempre que você quiser se sentir calmo ou centrado — esperando em uma longa fila, dando uma caminhada relaxante durante a hora do almoço, no caminho para uma consulta médica, e assim por diante.

MEU PRIMEIRO ESCUDO

Aprender a criar um escudo protetor mudou minha vida. Antes de dominar essa prática, eu vivia em um estado constante de medo, ansiedade ou sobrecarga e outros sentimentos de baixa vibração. Uma energia externa intensa lançava-se contra mim, proveniente de conversas carregadas de estresse ou depressão, da irritação com o trânsito ou com conversas irritantes por aplicativos de mensagens, que me faziam querer esmurrar a parede. Eu me sentia *totalmente* fora de controle. No trabalho, era rápido para dar respostas irritadas, e tudo parecia uma catástrofe descomunal. Tinha problemas para gerenciar e estabelecer limites com os funcionários e pagar em dia as contas de nossa empresa. Sentia-me compelido a uma correria desenfreada em um dia e no seguinte parecia preso ao chão como se meus pés estivessem grudados. Não conseguia ver o trabalho incrível que a empresa estava realizando e muito menos sentir orgulho com as conquistas. Sabe o mais estranho de tudo? Percebi que, se um colega me enviasse um e-mail perfeitamente neutro enquanto estava de mau humor, eu podia sentir a energia pesada e caótica da pessoa! Isso tudo foi antes de eu aprender a limpar a energia.

Ir para o aeroporto era o pior. O lugar lotado, passar apressado por outros viajantes que tentavam entender os detalhes do voo e chegar ao portão a tempo, a raiva que sentia se meu próprio voo estivesse atrasado ou fosse cancelado, as ligações de negócios que fazia enquanto esperava a decolagem e que pareciam nunca dar certo. Todos esses eventos sempre me deixavam em um estado de esgotamento e irritação.

Quando minha amiga médium Christel e o curandeiro Nick explicaram que o desconforto que eu sentia estava sendo causado pela energia externa que se grudava à minha, senti um alívio tremendo. Eles foram os primeiros que me ensinaram a criar proteção — e, *quase imediatamente*, a energia dentro de mim e ao meu redor mudou. No início, usei a técnica rudimentar, mas eficaz, de me cercar com uma bolha de luz branca de proteção, que funcionava muito bem. No entanto, eu tinha uma sensação intuitiva de que poderia fazer mais por mim e pelos outros em termos de criar proteção contra forças externas.

Enquanto pesquisava e criava as técnicas de blindagem de energia que acabei de ensinar, a proteção me deu *liberdade*, e ela fará o mesmo por você. Você pode ir a qualquer lugar, fazer qualquer coisa e estar com quem escolher, sem consequências tóxicas. Elaborar uma proteção que lhe dá a capacidade de existir em sua própria energia limpa permite que o mundo todo lhe pertença. E no momento em que você tiver desintoxicado ainda mais sua energia e puder viver rotineiramente em uma *vibe* elevada? A partir daí, não precisará mais de proteção alguma.

CONSTRUIR UM ESCUDO DIRECIONA A AÇÃO UNIVERSAL

Durante essa fase inicial de sua limpeza, você talvez note uma mudança energética sutil no mundo à sua volta. Como observei anteriormente, sincronicidades importantes farão com que você preste atenção na forma como sua energia agora interage com a de outras pessoas e como o universo opera de uma forma geral. Questões emocionais que você varreu para baixo do tapete vão se esgueirar de volta para que possa resolvê-las, e problemas que tentou ignorar porque não conseguiu lidar com eles parecerão proféticos. Reconheça e lide com esses indicativos e sugestões da melhor forma possível, mas não deixe que eles o frustrem. Depois de limpar e elevar sua energia, será capaz de lidar com eles de uma vez por todas.

As recentes mudanças de energia não trazem apenas notícias preocupantes — você também sentirá mudanças inspiradoras e positivas. Sonhos reconfortantes, novas oportunidades e relacionamentos com propósito também farão parte da sua vida. Todas as desintoxicações, energéticas ou não, limpam o passado. Sai o que é velho, entra o que é novo! Assim, quando você se protege da energia externa, você se protege do que não lhe serve e abre espaço para lidar com o que serve. Tenha certeza de que toda essa mudança e toda essa reestruturação indicam que o universo está reformulando seus planos para você e, quando finalmente estiver alinhado ao final da desintoxicação, você estará bem equipado para realizar mudanças a partir de um estado purificado.

Todos os humanos são guiados por um poder superior que anseia por colocá-los em um caminho espiritual, mas é difícil sentir isso até que você sinalize ao universo que está pronto para limpar a energia — e esse processo começa com a construção de um escudo protetor. No momento em que você o faz, parece que seus olhos se abrem para os sinais de Deus e o modo como o universo lança migalhas de pão para você seguir, o que o mantém seguro e seguindo rumo a seus objetivos. Os sinais sempre existiram, mas as distrações terrenas e os bloqueios de energia tornam difícil vê-los. Agora, porém, você notará sinais divinos por toda parte! Ainda, quanto mais você os reconhecer, mais o universo vai enviá-los. Manter-se aberto ao recebimento de sinais, permanecer consciente de que eles estão chegando e sentir a intenção de segui-los é uma combinação potente e consciente que põe você em uma vibração que chama para si os sinais mais incríveis que estão por aí. Quando você cria um escudo, está inevitavelmente dizendo a Deus que está disponível e abre caminho para limpar a energia negativa e dedicar-se tanto a usar seus dons quanto a ir em busca de seu propósito de trabalho.

Ao criar um escudo, você também sinaliza ao universo que *crê* e confia na orientação que ele lhe fornece. A crença é o mesmo que a fé, o que torna sua desintoxicação ainda mais eficaz, sua limpeza de energia mais rápida e a ativação de seus dons mais acelerada. A energia e a pureza por trás da crença são como combustível para um motor; elas não apenas dão a partida, mas determinam com que rapidez e eficiência ele funciona. Estamos programados de modo inato para crer que todos nós fomos criados por Deus para ter uma energia equilibrada e para dedicar-nos a nosso propósito de trabalho enquanto usamos nossos dons. Falando com clareza, essas são todas crenças espirituais, que são diferentes das crenças religiosas. A religião envolve um conjunto de crenças e práticas organizadas, enquanto a espiritualidade diz respeito às práticas individuais cujo foco é encontrar paz e propósito. Já trabalhei com clientes que se mantêm fiéis a suas crenças cristãs, judaicas, muçulmanas e até ateias — e ainda assim tiram proveito de desintoxicações energéticas. Isso porque a energia é quem você é; ela está em seu âmago. Não tem relação com religião. Não importa qual seja sua fé e a devoção com que a pratica, você pode ser uma alma abençoada sensível à energia. Nunca esquecerei um cliente ateu que, enquanto passava pela desintoxicação, teve visões de Jesus e de anjos altos e brilhantes. Toda a cena o assustou, mas também expandiu sua crença de que o universo está repleto de muito mais almas — e opera de forma muito diferente — do que ele imaginava. Os pilares daquilo que ensino sobre energia se aplicam a todas as crenças, culturas e origens.

PROTEÇÃO + VIBRAÇÃO

Proteger sua energia ajuda-o a dar início à elevação de sua vibração, já que você não é mais influenciado pela negatividade externa, que poderia baixá-la. Se você está operando em uma vibração elevada e seu pai liga para criticá-lo por não ganhar dinheiro suficiente, você não cairá para um nível vibracional mais baixo, pois seu escudo preservará sua energia. Embora no próximo capítulo você vá aprender a limpar totalmente sua energia, proteger-se da energia externa agora e no futuro ajuda-o a manter-se em seu estado mais natural — que não é um estado inferior. De fato, quando você se encontra em seu estado mais puro, este reflete o estado com o qual você nasceu e passou a primeira infância. Você se sente vibrante, divertido e criativo. É quem você era antes que traumas e contratempos sociais o derrubassem. O que você naturalmente gostava de fazer quando criança? Era prestativo ou gentil? Você falava com estranhos? Era tímido e estudioso? Segundo minha mãe, aparentemente eu era um garoto brincalhão, curioso, ousado e engraçado. Eu adorava jogar futebol, sair com meus primos, tocar instrumentos musicais e me divertir em meio à natureza. É divertido ver essas características refletidas em meus filhos também; quando preciso me reconectar com meu eu autêntico, jogo bola ou faço caminhadas com meus filhos. Minha cliente Natalie me disse que, quando quer elevar sua vibração, passa a mão por cima de flores silvestres, como fazia quando criança. Esse gesto envolve muitos sentidos e ajuda a limpar a energia e reconectar Natalie com sua criança interior.

No próximo capítulo, vou ensinar como limpar sua energia para que ela se encontre em seu estado mais puro no momento em que aprender a aumentar sua frequência. Neste momento, pessoas e situações com ideias e vibrações semelhantes começarão a encontrá-lo — e todas as demais desaparecerão. Sua desintoxicação está a todo vapor!

MAIS RECURSOS E *DOWNLOADS* GRATUITOS
Montei uma poderosa meditação, "Proteção e blindagem energética", que você pode ouvir todas as manhãs e que irá impedi-lo de absorver energia negativa ao longo do dia. Baixe-a (em inglês) gratuitamente em: *www.SpiritualActivator.com/protection*.

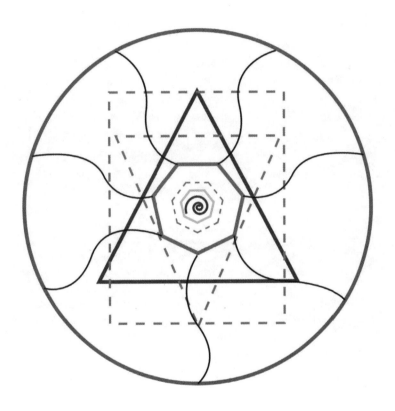

DIAS 4 A 6: LIMPE SUA ENERGIA

É hora fazer uma limpa de energia! Agora que você se sente seguro dentro da proteção de sua preferência, vamos nos livrar de todo o baixo astral que está instalado dentro dessa bolha. Essa energia negativa vem do ambiente à sua volta, bem como das vibrações que emanam de seus próprios pensamentos e emoções. Elas podem vir à tona quando desencadeadas por outras pessoas ou por alguma situação, mas é o processamento interno posterior que leva a autofalas problemáticas, decepções, vergonha, tristeza e outras emoções sombrias. Isso cria uma energia pesada que gruda em você como ímãs em uma geladeira. Entretanto, com força de vontade e dedicação, você poderá fazer com que ela se solte, e vai finalmente se sentir livre de terríveis problemas emocionais, espirituais e, diversas vezes, físicos que há muito o afligem.

Como mencionei no Capítulo 2, os bloqueios energéticos mais nocivos provêm do ambiente, de traumas internos e de fontes familiares, como memórias geracionais e gestacionais, que fazem você se sentir esgotado e derrotado. Eles também podem advir de questões cármicas que se instalam em seu corpo energético devido a escolhas feitas em vidas anteriores. E, caso seja realmente sensível à energia, você pode até mesmo ser contaminado energeticamente por alguém que está pensando em você em outros estados ou países! Quanto mais demorar para desintoxicar essa energia contaminada, com maior firmeza ela se fixará em seu corpo energético. Entende por que a limpeza é necessária?

No capítulo anterior, você tomou medidas para se proteger de novas fontes de energia para que elas não se prendam a você ou a seu campo áurico ao longo do dia. Mas isso não afeta a energia *já instalada* em seu eu energético, sobretudo no campo áurico e nos *chakras*. Lembre-se: o campo áurico é a pele energética que envolve seu corpo; é ela que você usa para sentir a energia das outras pessoas e o que acontece a seu redor.

Já os *chakras* são os centros de energia do corpo e correspondem especificamente aos feixes nervosos e aos órgãos principais. Eles se distribuem ao longo da coluna vertebral, do alto da cabeça à base da coluna. Os *chakras* precisam ficar abertos, ou desbloqueados, para funcionar bem — e assim você não terá sintomas emocionais, espirituais ou físicos relacionados às qualidades deles. A maioria dos agentes de cura energética concentra-se em limpar seus sete *chakras* principais, mas eu acrescentei um oitavo. Vamos analisá-los mais adiante no capítulo.

Nos próximos três dias, você se concentrará em limpar seu campo áurico e seus *chakras* para que sua alma possa retornar a seu estado mais elevado e empoderado — seu estado natural de ser. Uma vez que você comece a limpar essa energia, vai se sentir livre o bastante para usar sua vibração purificada para fazer uso de seus dons espirituais e assumir seu propósito de trabalho. E você não precisa eliminar a energia negativa até a última gota para se sentir significativamente melhor. Limpar a raiz dos bloqueios de seu campo e de seus *chakras* muitas vezes é o suficiente para resolver problemas traumáticos, ambientais e familiares. Essa é a parte legal da desintoxicação — você nunca sabe como ela vai afetá-lo! É como fazer uma limpeza do fígado para ajudar a digestão e então, como bônus, perder dez quilos e curar seu eczema.

A limpeza do campo áurico e dos *chakras* é a base de toda cura. Quando aprendi a limpar a energia, canalizei que é necessário limpar o campo áurico e os *chakras* ao mesmo tempo para obter os melhores resultados. É como na perda de peso: você pode perder mais peso, e mais rápido, quando combina alimentação saudável com exercícios, em vez de escolher um ou outro. E, como nos seus três dias dedicados à criação de escudos de proteção, descobrir quais técnicas de limpeza funcionam para você é também um processo pessoal e intuitivo. Sobretudo no que diz respeito a limpezas improvisadas, você talvez queira testar algumas práticas diferentes para descobrir as melhores.

Neste capítulo, explicarei de onde vêm as toxinas internas, o que esperar de uma limpeza e quando fazê-la, como limpar seu campo e seus *chakras* e como a felicidade e a calma se prestam à cura. Embora possa parecer que eliminar anos de energia densa seja um trabalho imenso, esse processo não precisa ser estressante. Você está prestes a acabar com uma terrível estagnação por meio do poder da intenção, da visualização e da energia do universo canalizada para ajudá-lo a seguir pela vida com um sorriso. Você ficará surpreso quando finalmente conseguir viver sua vida como a versão mais feliz de si.

QUANDO FAZER A LIMPEZA

A limpeza deve ser feita logo pela manhã e à noite, seja quando você chega em casa após um dia atribulado ou em um momento tranquilo antes de dormir. Você também pode fazer limpezas improvisadas ao longo do dia para dissipar a energia intensa sempre que necessário. Pela manhã, você começará pela recriação de seu escudo de proteção. A esta altura, recriar seu escudo todas as manhãs faz parte de sua rotina diária, já que você o leva para onde quer que vá. Quando estiver pronto, você vai limpar seu campo áurico e seus *chakras*. Há três passos para a limpeza, e sugiro aprender todos no dia 4 e usar os dias 5 e 6 para sabê-los de cor.

Para recapitular, os dias 1 a 6 da desintoxicação ajudam-no a se proteger e entender o que torna sua energia vulnerável a toxinas — e, durante os dias 4 a 6 de limpeza de energia, você experimentará intuitivamente várias técnicas para descobrir o que funciona no seu caso. Embora eu tenha reservado três dias para a limpeza, você pode estendê-la por até mais três dias se precisar limpar mais profundamente ou apenas descansar. Ao limpar sua energia, o objetivo é chamar a energia autêntica para seu corpo energético e, por fim, ser capaz de discernir qual energia é sua e qual pertence a outra pessoa. Você ficará surpreso com a quantidade de energia que absorve dos outros sem saber!

Após uma limpeza, há clientes que relatam que seus sentimentos como um todo costumam mudar de, digamos, inquietação, ansiedade e incerteza para confiança, paz e relaxamento. Outros vivenciam eventos fortuitos, como uma promoção no trabalho, um melhor relacionamento com um ex-cônjuge, lembranças boas com seus filhos ou a vinda inesperada de dinheiro. Também podem lhe ocorrer coincidências enviadas pelo divino, que você deseja desesperadamente ou das quais precisa para sobreviver. Por exemplo, após os exames médicos da minha cliente Kara mostrarem altos níveis de tálio em seu sangue no dia 4 da limpeza, ela ficou muito preocupada — isto é, até que, um dia depois, ela leu em uma revista que comer muita couve, como vinha fazendo, poderia causar um acúmulo excessivo desse metal pesado no sangue! Depois que ela mudou a dieta, os níveis normalizaram-se. Outro exemplo é como, no dia 6 de sua limpeza, minha aluna Marie fez uma consulta com seu quiroprático, embora estivesse com pouco dinheiro depois de pagar o financiamento estudantil. O profissional sensibilizou-se tanto com a situação dela que generosamente ofereceu tratá-la de graça.

Por fim, você pode fazer uma limpeza improvisada após alguma situação que o afeta emocionalmente. O almoço com sua irmã o deixou irritado ou um desentendimento com um colega de trabalho o enfureceu? No caso, limpe essa energia depois do ocorrido. Quando comecei a limpar energia, sempre captava vibrações alheias que faziam com que me sentisse nervoso. Então, eu limpava os sapatos depois de cruzar uma praça de alimentação lotada, limpava a cadeira do dentista antes de sentar-me, limpava a poltrona no cinema — limpezas intermináveis, o dia inteiro. Mas o medo alimentava minhas práticas de limpeza, e percebi que estava justamente atraindo os cenários negativos que tornavam necessárias aquelas limpezas! Quando me dei conta disso, limitei as limpezas improvisadas a três por dia. Acho que para você esse número será suficiente também.

LIBERAÇÃO DE ENERGIA DURANTE O SONO

Um dos motivos pelos quais você deve fazer uma limpeza pela manhã não é só que esta é uma ótima maneira de começar o dia; também é fácil acordar energeticamente com o pé esquerdo. Pense nisso: com que frequência você se sente um tanto mal-humorado ou esquisito ao abrir os olhos de manhã? Isso acontece porque um volume enorme de atividade, transferência e limpeza energéticas acontece enquanto você dorme, e o colchão pode reter essa energia. Se você compartilha sua cama com outra pessoa, ou até com um animal de estimação, eles processam e limpam energeticamente seus próprios sentimentos durante o sono, e você pode absorver tal energia ao processar e descartar a sua ao mesmo tempo. Pense quantas vezes você fica remoendo preocupações antes de dormir ou no meio da noite, quando não consegue dormir. Ou como se sente ao assistir ao noticiário ou responder a e-mails irritantes na cama. Se você tem pensamentos ou sentimentos negativos ou receosos sobre trabalho, família, seu ex, personagens de *reality shows* ou uma guerra trágica em outro país, todos esses pensamentos e sentimentos criam laços energéticos que se prendem a você e à sua cama. E não se esqueça do peso energético dos sonhos e de seus companheiros de cama! Toda vez que minha empática esposa sai com a prima, que é produtora de programas sobre crimes reais, sei que Mandy e eu teremos um sono energeticamente carregado. Depois de se encontrar com a prima, Mandy sonha com os assassinatos sangrentos investigados pelo programa dela, mesmo que elas não tenham conversado sobre isso. Adivinhe quem capta toda essa energia horrorizada, aterrorizada e nervosa? Acertou. *Eu mesmo.*

COMO ELIMINAR A ENERGIA TÓXICA

A melhor forma de limpar seu corpo energético é de fora para dentro, sobretudo porque é eficiente e fácil de lembrar. É como a limpeza de um carro — primeiro, você lava o exterior e, depois, cuida do interior. Isso significa que você vai começar limpando o campo áurico ao redor de seu corpo, que é onde muitos bloqueios se instalam, e depois vai passar para os bloqueios que estão situados em seus *chakras*. Por fim, vou lhe ensinar como fazer seu aterramento depois de limpar os dois centros. Lembre-se de que, durante o processo, você permanecerá rodeado por sua proteção enquanto visualiza e limpa seu corpo energético. Quanto mais camadas de proteção e cura puder aplicar, mais poderosa será a limpeza.

PASSO 1: LIMPE SEU CAMPO ÁURICO
Primeiro, estabeleça a intenção de liberar todos os bloqueios energéticos e cordões presos a você e a sua vontade. Algo como "Deus, por favor, ajude-me a liberar todos esses bloqueios e cordões energéticos que estão drenando minha energia e minha vitalidade. Guie-me enquanto eu os limpo para o bem maior de todos".

Em seguida, imagine-se no meio de um vórtice, um redemoinho gigante ou tornado que gira à sua volta, de forma calma, mas veloz. Vórtices são forças poderosas de energia que conectam você com sua espiritualidade. São centros de energia transformadora, em que a energia metafísica pode penetrar na Terra ou projetar-se para fora dela. Às vezes, imagino-me criando o vórtice ao redor de meu corpo; uso minha mão direita para criar um movimento circular que cresce a minha volta até que eu possa sentir sua energia. No meio desse funil giratório, declare a intenção: "Qualquer coisa que for liberada de mim subirá para o céu ou descerá para a Mãe Terra para ser neutralizada". Ou "Todos os cordões são eliminados e liberados, em todas as dimensões, tempos e planos, para nunca mais voltarem".

O próximo passo é cortar cordões energéticos de seu campo; isso cortará as conexões entre você e pessoas ou situações que de alguma forma lhe causaram angústia. Para fazer isso, você pode imaginar os cordões como cordões umbilicais radiantes, dutos energéticos que fluem entre você e os outros, ou até mesmo um galho de árvore que o liga a uma pessoa ou lugar. Eu não vejo os cordões, mas muitos videntes o fazem. Os cordões podem transmitir energia, informações, dores corporais e emoções entre você e outras pessoas, o que aumenta sua atração intuitiva e sua conexão com elas. Quando são do bem, podem ser muito úteis; mas quando são esgotantes, precisam ser eliminados. Cortar os cordões é uma forma importante de limpeza do campo áurico, porque se essa forma dominante de energia não for erradicada, vai alimentar diretamente seus *chakras*. Isso pode evoluir para quadros mais graves.

Cortar cordões energéticos que conectam você a pessoas e memórias dolorosas não apenas limpa tais influências negativas, mas também permite que você exista apenas em sua própria energia limpa daí em diante. Enquanto ainda está em seu vórtice, comece por encher-se com uma cor como roxo, dourado ou branco e, a seguir, imagine sua mão dominante como uma espada pontiaguda e afiada. Imagine a energia acumulando-se por trás e ao redor dessa espada e, quando ela estiver no auge, mova o braço como se estivesse cortando algo, para cortar os cabos acima, na frente, atrás e embaixo de você. Você não precisa visualizar todas as pessoas e lugares conectados a esses cordões, mas, se pessoas e locais específicos vierem à mente, pode imaginá-los desconectando-se de você neste momento.

Se a ideia de cortar algo não lhe agrada (talvez lhe pareça muito agressiva ou violenta), você pode puxar os cordões de vários corpos ou situações, como se tirasse da tomada um cabo de força ou arrancasse ervas daninhas de um jardim. A seguir, com um movimento amplo das duas mãos, imagine que elas são vassouras ou que estão amontoando as ervas daninhas ou cordões espalhados pelo chão e lance-os dentro da terra ou no céu, para que o universo purifique tudo. Por fim, não é bom deixar espaços vazios em seu campo ou nos *chakras*, pois eles poderiam ser preenchidos por energia negativa. Estabeleça a intenção de infundir esses ocos com amor e, para encher os espaços, imagine uma cor que ressoe com você e o faça sentir-se seguro ou em paz. Uma forte declaração de intenção é "Estou enchendo esses vazios com roxo, e roxo é amor divino". O significado de uma determinada cor pode mudar de uma pessoa a outra. Para mim, o roxo representa o amor divino, mas para outra pessoa pode representar a cura.

E assim, de repente, seu campo áurico está limpo.

O PAPEL DA IMAGINAÇÃO

A imaginação desempenha um papel essencial na maioria das práticas espirituais. É empregada na visualização, na meditação, em sonho, na manifestação — e, para nossos propósitos, na limpeza e na cura do corpo energético. A imaginação, mesclada com intenção, cores e geometria sagrada, cria e acessa energia benéfica. Ela transforma fantasias profundas em realidade, muito rapidamente.

Todas as ideias começam na mente antes de se tornarem realidade. Em um sentido semelhante e espiritual, sua imaginação cria pensamentos e ideias em seu cérebro, os quais carregam alta energia vibracional que acessa uma realidade sobrenatural e abre portas espirituais. Uma vez que inicie esse processo, você começará a receber sinais do universo, e oportunidades fortuitas começarão a cair em seu colo. Quando sua mente recebe *feedback*, ou prova, que o convença de que foi você quem criou esses eventos, a poderosa frequência da crença tem início. A confiança em suas crenças, junto à fé em um poder superior, liberta sua mente para aceitar que a imaginação não é um processo tolo que produz alguma casualidade ocasional. Ela é o pré-requisito para uma vida de alta vibração e para a ocorrência de milagres em todos os momentos.

A imaginação é uma ponte robusta e energética que liga seu cérebro e seu corpo tridimensionais a um espaço divino. Canalizei, ainda, que exercitar sua imaginação fortalece essa ponte — e, ainda, o fluxo natural de amor e conexão existente entre você, Deus e o processo de criação conjunta durante práticas como oração, estabelecimento de intenções, manifestação e limpeza de energia. Passar algum tempo em um espaço imaginativo enquanto trabalha com arte, fotografa, compõe música, dança ou brinca com uma criança reforçará sua imaginação e, por consequência, todos os aspectos de suas habilidades intuitivas.

PASSO 2: LIMPE SEUS CHAKRAS

A limpeza de *chakras* é um processo muito místico e energético. Ela se apoia na intuição, na imaginação e em um conhecimento adquirido sobre o que cada *chakra* significa para seus corpos espiritual, emocional e físico. Quanto mais conectado se sentir com cada *chakra* e as partes do corpo que eles impactam, mais consciente você se tornará quando seus *chakras* lhe falarem de uma maneira impossível de ignorar. Incluí um quadro com os *chakras* ao final desta seção para que você possa aprender o que cada um deles significa e como reconhecer, sem ser por meio de uma varredura corporal, quando estão bloqueados. Há também muita informação *on-line* sobre a origem e o significado dos *chakras*, se você quiser se aprofundar no tema.

Para dar início à limpeza dos *chakras*, esfregue as mãos para criar atrito e ativar nelas a energia térmica. Em seguida, mova-as ao longo do corpo, a cerca de um centímetro de distância da pele, começando no *chakra* coronário e terminando no *chakra* raiz. É desse modo que você vai procurar a energia bloqueada. Suas mãos podem sentir um calor intenso ou uma atração magnética ao encontrarem um *chakra* caótico que necessita de limpeza. Este centro de energia perturbado pode fazê-lo sentir enjoo ou formigamento, ou fazer seus ouvidos zunirem. As mãos da minha cliente Kristine pulsam ritmicamente quando ela encontra um *chakra* que precisa de limpeza. O processo de escaneamento é diferente para cada um, mas você notará uma alteração em sua mão dominante de escaneamento ou em seu corpo ao fazê-lo. Sua intuição e a orientação divina farão com que você não perca a oportunidade de limpar a energia tóxica!

Ao encontrar um *chakra* bloqueado, há muitas maneiras de eliminar a energia — e, de novo, você pode querer testar algumas práticas até encontrar uma que pareça certa para você. Quando limpo um *chakra*, gosto de visualizar minha mão como uma espada e, em seguida, cortar tudo o que há de indesejável dentro dele. Depois de terminar, faço uma concha com minha mão dominante, como se fosse uma pazinha de jardim ou uma concha usada na seção de alimentos a granel do mercado, e simplesmente recolho a energia negativa do *chakra* e a lanço no chão ou ao céu. Você também pode imaginar as toxinas como galhos de árvores que precisam ser podados ou ervas daninhas que devem arrancadas pela raiz — e depois lançadas ao céu ou no chão. Também tive clientes que extraíam dos *chakras* o que diziam parecer uma gosma pegajosa, e outros que puxavam a energia negativa para fora como se fosse uma corda. Você pode ter um único *chakra* bloqueado, ou muitos — e alguns deles podem exigir limpezas mais prolongadas do que outros, dependendo de quão caóticos estão. Independentemente disso, você saberá quando terminar, porque seu corpo parecerá mais leve e, por meio da intuição, você saberá que não há mais nada para ser extraído. Por fim, estabeleça uma intenção como "Deus, por favor, preencha meus *chakras* limpos com sua cura e seu amor divino" e, em seguida, preencha os *chakras* vazios e limpos com luz divina e colorida vinda do céu (não há como errar se utilizar o branco, o roxo ou o dourado).

Como passo final, muitos agentes de cura certificam-se de que todos os chakras estão girando, mas isso não é necessário. Os *chakras* são inteligentes e guiados pelo divino. Da mesma forma que você não precisa dizer ao coração para bater, também não precisa dizer aos *chakras* para girar. Eles fazem isso automaticamente. O mais importante é que todos tenham o mesmo tamanho. Quando os *chakras* têm proporções diferentes, causam desequilíbrios energéticos. Por exemplo, se depois de meditar seu *chakra* coronário está muito grande e o *chakra* raiz está muito pequeno, você pode se sentir aéreo e esquecido; pode perder compromissos, passar reto por sua saída na estrada ou esquecer metade dos itens de sua lista de tarefas. Ou, se entrar numa discussão com um colega, seu *chakra* do plexo solar, que é o centro do poder pessoal, pode se tornar descomunal em comparação com o *chakra* cardíaco, que carece de empatia durante uma briga. Para evitar esses tipos de contratempos, imagine que está moldando cada *chakra* até alcançar o tamanho de uma bola de tênis, como moldaria uma bola de neve com uma das mãos. Pronto! Seus *chakras* estão limpos e equilibrados.

CONHEÇA SEUS *CHAKRAS*

Penso nos *chakras* como bolas giratórias de energia que representam o ponto de encontro entre o físico e o consciente. Eles são ancestrais e poderosos, e os gurus vêm trabalhando com tais centros de energia há milhares de anos. Os *chakras* alinham-se com a coluna vertebral, e muitos diagramas os mostram alinhados uns sobre os outros, como vértebras espaçadas ao longo do sistema humano. Existem sete *chakras* principais, mas durante uma canalização, foi-me mostrado um oitavo — o ouvido. Aqui estão eles:

Chakra coronário: localizado no alto de seu crânio, em posição central. É onde seu corpo físico e sua consciência encontram seu eu superior e a consciência coletiva. O *chakra* coronário ajuda você a crescer espiritualmente e a elevar a vibração da humanidade, além de se conectar com a sabedoria divina. As necessidades da sociedade e do mundo material afetam fortemente esse *chakra*. Sua mensagem diz respeito a deixar de lado a consciência física, singular, para se tornar um com o coletivo.

Quando está bloqueado: os bloqueios neste *chakra* podem ser muito sérios. Pessoas que são extremamente materialistas e têm dificuldade em se soltar muitas vezes terão um bloqueio na coroa. Este pode até criar desconexão entre a mente e o corpo e com sua capacidade de sentir empatia. Quando o *chakra* coronário é desbloqueado, você pode facilmente receber mensagens e orientação de seu poder superior.

Chakra do terceiro olho: localizado no meio da testa, no espaço entre os olhos. O terceiro olho relaciona-se com a intuição, um lugar de saber espiritual e psíquico. Um terceiro olho aberto e equilibrado significa que você está em sintonia com o mundo espiritual e energético à sua volta, sendo capaz de acessar o lado positivo da maioria das situações. Este *chakra* é afetado por sua capacidade de pensar e de tomar decisões e também pela imaginação e pela memória. Você pode explorar o passado, o presente e o futuro usando o terceiro olho. Para alguns, ele pode ajudar a fazer viagens astrais, em que sua consciência se separa de seu corpo físico e viaja por todo o plano astral. Você também pode usá-lo para praticar a visualização remota, que é quando uma pessoa pode dar informações sobre um objeto, um evento, uma pessoa ou um local que estão fora de sua vista e fisicamente distantes. Além do mais, um terceiro olho equilibrado possibilita que você se comunique com espíritos do outro lado se este for seu dom, enquanto outros podem usá-lo para ver a energia e o campo áurico de uma pessoa. Ele também orienta sua intuição e o sentido de "saber" que muitas pessoas espiritualmente hábeis têm.

Quando está bloqueado: ele pode ficar bloqueado devido a problemas nos *chakras* inferiores. Na verdade, se um dos cinco primeiros *chakras* está desequilibrado, é altamente provável que o terceiro olho também esteja. Se você tem dificuldade com a intuição ou se sente crítico ou desdenhoso com relação a outras pessoas, seu terceiro olho provavelmente está bloqueado. Fisicamente, esse bloqueio pode resultar em dores de cabeça, tonturas e falta de saúde mental.

Chakra do ouvido: localizado nos ouvidos; o ouvido direito simboliza as influências masculinas que estão ligadas à causa do bloqueio, e o esquerdo, as influências femininas que fazem o mesmo. Seus *chakras* auditivos são vulneráveis às palavras que você ouve; vibrações raivosas, maledicentes e tóxicas podem ser carregadas pelo som da voz de uma pessoa e ser absorvidas pelo *chakra* do ouvido. Se seus *chakras* auditivos são sensíveis, talvez você adore música e livros lidos em voz alta e tenha aprendizado de estilo auditivo.

Quando está bloqueado: sua autoestima cai e você se envolve em autofalas negativas. Você se torna sensível a sons e odeia ruídos altos. As críticas grudam em você como se estivessem coladas.

Chakra da garganta: Localizado no centro da garganta, este *chakra* diz respeito à comunicação. Está relacionado com a expressão de sua verdade autêntica e com dar ouvidos aos outros e a seu eu mais profundo. Ele requer que você preste atenção em suas necessidades e desejos. Se você está se comunicando com quem não está ouvindo, isso afetará muito o equilíbrio deste *chakra*. Ele pode também ser afetado quando você se recusa a ouvir seu eu superior e sua consciência.

Quando está bloqueado: O *chakra* da garganta fica bloqueado quando você reprime suas emoções e crenças em vez de expressá-las em voz alta. O medo de se expressar pode estar relacionado com traumas, com a dificuldade em traduzir seus sentimentos em pensamentos e palavras ou com um espírito tímido. Você pode ter receio do julgamento alheio. Fisicamente, pode desenvolver uma dor de garganta ou problemas de tireoide a partir deste bloqueio.

Chakra cardíaco: situado perto do coração, no centro do peito, este *chakra* tem tudo a ver com amor e consciência espiritual. É um dos meus *chakras* favoritos para trabalhar. Um *chakra* cardíaco equilibrado levará à paz interior e permitirá que o amor e a compaixão fluam livremente de você e para você.

Quando está bloqueado: um bloqueio neste *chakra* pode ser muito grave. Pode levar a sentimentos de raiva, traição, ciúme e ressentimento. Esses sentimentos criam sérios problemas mentais, como depressão e ansiedade. O bloqueio pode expressar-se fisicamente na forma de problemas de saúde no coração, na circulação e nos pulmões. Você também tende a atrair para sua vida pessoas tóxicas que drenam sua energia. Pode achar difícil receber presentes, atos de bondade ou elogios de outras pessoas.

Chakra do plexo solar: este *chakra* está localizado acima do umbigo, na base do peito. Representa o poder pessoal e o controle de sua autoestima. Sentir-se confiante e no controle da situação está relacionado com este *chakra*. Ele afeta seus medos, a ansiedade e os sentimentos de propósito. Fisicamente, afeta o metabolismo e o sistema digestivo. A saúde intestinal e a boa alimentação são essenciais para o seu equilíbrio.

Quando está bloqueado: os bloqueios neste *chakra* podem ter efeitos sérios e prejudiciais nos estados espiritual, físico e mental. Se você está bloqueado aqui, muitas vezes é indeciso e tem problemas com a raiva e o controle. Também pode ter dificuldade para manter-se em sua força perto dos outros e para controlar suas emoções. Você pode oscilar de feliz a triste em uma fração de segundo, sendo incapaz de encontrar equilíbrio ou paz interior. Um *chakra* do plexo solar bloqueado também afeta o quão conectado você se sente com os outros, se está tendo novas experiências e desfrutando delas e se está estabelecendo limites saudáveis. Manifestações físicas aparecem no sistema digestivo, como diabetes ou hipoglicemia.

***Chakra* sacral:** encontrado logo abaixo do umbigo, na base do estômago. O *chakra* sacral relaciona-se com as energias sexuais e criativas. Quando está equilibrado, você naturalmente sentirá autoamor e terá uma relação igualmente harmoniosa e carinhosa com as pessoas e o ambiente ao seu redor. Você se expressará com habilidade e instintivamente saberá estabelecer limites saudáveis.

Quando está bloqueado: você tem dificuldade para dedicar-se ao que deseja na vida. Pode recear mudanças ou ter "comportamentos viciosos" em relação a comida, álcool, açúcar e até mesmo pessoas. Um *chakra* sacral bloqueado pode causar problemas reprodutivos e afetar sua intimidade e a expressão sexual com os outros.

***Chakra* raiz:** localizado na base da coluna vertebral, ele se encontra com a pélvis. Relaciona-se com o quão aterrado você está, seus instintos de sobrevivência e suas necessidades básicas — físicas e mentais. O *chakra* raiz relaciona-se também com o quão seguro você se sente. Sua ingestão de comida e de água, o espaço que você chama de casa e as finanças contribuem para o equilíbrio deste *chackra*. Liberar o medo pode levar a um *chakra* raiz limpo.

Quando está bloqueado: Problemas físicos decorrentes de um *chakra* raiz bloqueado envolvem dor ou problemas no cólon, parte inferior das costas, bexiga, pernas e pés — basicamente as áreas inferiores do corpo. As questões emocionais ou espirituais envolvem ansiedade, medo, dissociação corporal e limites fracos. Esse *chakra* bloqueado também pode levar a problemas financeiros e a uma incapacidade de "fazer as coisas acontecerem".

PASSO 3: ATERRE-SE

Depois de limpar seu campo áurico e seus *chakras*, é essencial aterrar-se. Limpar a energia e desfazer os bloqueios podem sugar muita energia dos *chakras* coronário e do terceiro olho, e, portanto, mesmo que você os tenha reequilibrado, é possível que ainda se sinta meio "aéreo", como efeito colateral de uma limpeza.

Eu gostaria que, primeiro, você ficasse com os pés levemente afastados, e os imaginasse fixos no chão como as raízes de uma árvore, alcançando cerca de trinta centímetros na terra abaixo de si. Inspire através dessas raízes, subindo até os pés, depois pelo corpo, e saindo pelo alto da cabeça para o céu acima de você.

Em seguida, quero que vá à cozinha atrás de comida salgada e natural. O sal limpa a energia. Você pode colocar um pouco de sal sob a língua ou salpicá-lo sobre seus pés ou suas mãos. Ou pode comer alguns biscoitos salgados ou alimentos cultivados no solo e conectados com a energia da Terra, como batatas ou arroz. A alimentação estratégica ajuda muito quando você se sente esgotado e meio tonto depois de uma limpeza. Você também pode descobrir que tem desejo por açúcar ou álcool, que entorpece a energia e tira a acuidade da intuição, de modo que você se torna menos sensível ou conectado com o que está à sua volta. Acho que é por isso que, em minha experiência, é um estereótipo que os detetives se encontrem em um bar para beber enquanto lidam com um caso difícil, ou que alguns médiuns anseiem por açúcar depois de uma leitura; no âmbito subconsciente, eles desejam desligar sua energia, e a bebida e o açúcar são meios infalíveis de fazê-lo. Minha cliente Gena, uma empata natural, ansiava por bife e hambúrgueres enquanto atravessava um rompimento, pois essa alimentação permitia-lhe aterrar-se. Em termos de energia, isso aumentava seu *chakra* raiz, de modo que ela pudesse enfrentar o ex-namorado, mas seu terceiro olho reduziu-se porque, ao discutirem, ela não apresentava uma empatia intuitiva com o que ele estava sentindo. Depois de terminar o relacionamento, ela teve o cuidado de limpar sua energia e de reequilibrar o tamanho de seus *chakras*. Fez também uma dieta vegana por duas semanas para limpar os efeitos físicos de toda aquela carne vermelha!

LIMPEZAS DE ENERGIA IMPROVISADAS

Como mencionei antes, pode haver momentos em que você tem necessidade de limpar a energia depois de passar por alguma situação tensa que sente tê-lo afetado. Até o fim do dia 6, eu gostaria que você praticasse os seguintes exercícios improvisados rápidos e simples, e depois escolhesse alguns, mantendo-os sempre a postos, para quando precisar limpar a energia em uma emergência. Minha cliente Faith, que conheci em um de meus *workshops*, trabalhava em uma concessionária de veículos. No dia 5 de sua desintoxicação, ela encontrou dificuldades para lidar com tantas energias aleatórias de seus clientes ao longo do dia. Frequentemente ela precisava movimentar o corpo para limpar a energia, mas por conta de sua agenda não tinha tempo para correr ou ir à academia quando se sentia carregada demais. Sugeri que trabalhasse sua energia fechando a porta do escritório, colocando fones de ouvido e dançando por dez minutos. Para mudar as coisas, ela acrescentou polichinelos e flexões. Deu certo: sua energia dissipava-se todas as vezes — e retornar ao trabalho era fácil.

Observação: tais técnicas, sozinhas e sem proteger-se ou fazer uma limpeza da forma que acabei de ensinar, *não são suficientes* para limpar toda a energia do seu campo e de seus *chakras*. Elas são truques de emergência para ocasiões em que você sabe que vai almoçar com um amigo que gosta de discutir ou falar ao telefone com um membro frustrado da família. Depois, você pode fazer uma limpeza rápida para eliminar as toxinas resultantes. Considere as técnicas apresentadas a seguir como soluções fáceis de limpeza, como se usasse um sabonete para lavar as mãos.

- Fazer movimentos físicos, como exercícios, natação, corrida, dança e yoga.
- Curtir a natureza: respirar fundo ao sol ou caminhar descalço na grama ou na praia.
- Dar longos passeios dirigindo seu carro.
- Usar um cristal citrino junto a si (às vezes, eles são vendidos como colares) ou um bastão de selenita para limpar a energia negativa. Você também pode colocar esse bastão em um canto de algum ambiente ou em sua cama para manter tais espaços livres de vibrações ruins. Você aprenderá mais sobre cristais no Capítulo 5.
- Queimar incenso, sálvia e *palo santo*. Sou fã do *palo santo* porque ele não tem um aroma tão forte quanto a sálvia. A maioria das sálvias tem propriedades antimicrobianas, e algumas são antibacterianas, de modo que, quando você limpa a energia com ela, também está limpando a energia de bactérias, fungos e vírus. Quando queimo sálvia, eu a passo por todo o meu corpo enquanto digo "Limpar, limpar, limpar…".
- Tirar uma hora para ler um livro, manter um diário ou meditar. Sozinho, você fica apenas com sua energia e conecta-se automaticamente, em um nível inconsciente, a um poder superior que limpa a energia.

- Fazer respiração geométrica. Durante dois ciclos, inspire contando cinco segundos e imagine toda a negatividade que é coletada em seu coração como uma névoa ou um líquido denso. Segure a respiração enquanto conta cinco segundos e, em seguida, expire todo o excesso de energia que você não quer. E, uma vez que tudo o que você está eliminando precisa ser substituído, imagine que está se enchendo de amor ou de uma cor ou imagem que, para você, representa o amor. Quando você segue o ciclo desta técnica, ela constrói uma geometria sagrada para a limpeza.
- Se uma pessoa específica está incomodando você, mande-a embora em uma "bolha de amor". Estabeleça a intenção de enviar-lhe amor, imagine uma cor que represente o amor (rosa, roxo e dourado são populares) descendo do céu, envolva a pessoa nessa bolha colorida e envie-a para os céus até que não veja mais nem a pessoa nem a bolha. Neste ponto, os cordões energéticos dela se soltam dos seus e a influência da pessoa sobre você acaba. Isso é ótimo depois de uma conversa irritante por aplicativos de mensagens.

SENTIMENTOS, PENSAMENTOS E ENERGIA COMPORTAMENTAL

A partir de agora, lembre-se de que a energia interna debilitante tem origem a partir de pensamentos, sentimentos e escolhas, e do ato de processar situações do passado e do presente. Tudo isso leva a uma produção energética e, quanto mais negativa for essa energia, mais você estará contribuindo para um bloqueio. A progressão pensamento > emoção > comportamento ou decisão carrega uma frequência extremamente poderosa. Quanto mais você se concentra nesse padrão, mais elevado e consolidado ele se torna. Assim, coisas ruins podem lhe acontecer o dia inteiro, mas *a forma como você responde a elas* é o que alimenta um bloqueio nocivo.

Se não limpar e alterar sua energia depois de responder de uma maneira desagradável, você vai ficar em uma frequência baixa, em que coisas desestimulantes de todos os tipos vão aparecer: contas novas, defeitos no carro, dificuldades de trabalho, brigas em casa, problemas de tecnologia. Esta passa a ser sua realidade! Você também absorve energia negativa de pessoas pessimistas que estão na mesma vibração, e essa energia também fica instalada em seu campo áurico e em seus *chakras*.

Formam-se cordões de energia entre você e esses desmancha-prazeres, e frequências energéticas nocivas fluem entre vocês, indo e vindo. A manifestação torna-se impossível. Você vai se sentir vítima de um destino ruim ou da má sorte, mas na verdade tem participação na criação dessa vida — uma profecia autorrealizada que vai ganhar cada vez mais velocidade até que consiga ultrapassá-la.

As técnicas que você acabou de usar são muito eficientes para afastar todos os tipos de bloqueios, além dos pensamentos, emoções e energia comportamental que os causam. Contudo, são necessários seis meses de treinamento avançado para aprender a dominar a cura de bloqueios familiares, do trabalho cármico e de doenças físicas. Portanto, não vou abordar esse tema específico neste livro. Ainda assim, tenho visto doenças físicas serem curadas de forma inesperada quando os clientes limpam seus campos áuricos e seus *chakras*, caso a raiz energética da doença esteja nessas áreas. Isso também vale para bloqueios familiares. Se você desconfia que seus problemas estão relacionados com bloqueios familiares, pode estabelecer uma intenção antes da limpeza, como "Deus, gostaria de liberar qualquer bloqueio familiar que crie um obstáculo para mim e não seja para o bem maior". Você pode fazer o mesmo para doenças físicas: "Deus, gostaria de liberar qualquer bloqueio relacionado com minha doença física, se for para o bem maior de todos". Vale a pena tentar!

Não importa o que aconteça: um corpo repleto de vibrações baixas e de bloqueios de energia pode sempre ter problemas, já que frequências deprimidas e caóticas não são inatas ao corpo humano. *Você não nasceu assim*. Quando limpa seu campo e seus *chakras*, você retorna ao seu eu mais verdadeiro e experimenta sua energia autêntica — aquela que não é afetada por traumas, programação, influências externas e bloqueios. É a energia de uma alma purificada.

> **MAIS SINAIS? PODE APOSTAR**
>
> Depois que limpar emoções, pensamentos e crenças que formaram bloqueios em seu campo áurico e em seus *chakras*, o universo lhe enviará coincidências ainda mais incríveis, úteis e significativas. Elas podem estar relacionadas com os bloqueios que você está limpando, com o caminho espiritual que está prestes a tomar, ou apenas confirmam que você está sendo guiado. Sincronicidades que costumam acontecer envolvem ouvir canções relevantes para o momento, ver padrões numéricos especiais (111 é um sinal

frequente, que simbolizaria novos começos) e animais significativos que cruzam seu caminho em momentos oportunos.

VÁ FUNDO

Embora possa levar algum tempo, chegar à raiz de um bloqueio é a base de tudo. Quanto mais você tiver alimentado emoções tóxicas, mais fundo elas terão se alojado em seu campo de energia. Imagine como sua autoestima pode sofrer um golpe se você for demitido. Sentir-se inferior pode evoluir para sentir-se descartável, e isso se torna parte de sua personalidade. Agora, você não apenas aceita ser dispensável em seu local de trabalho, mas em relacionamentos e em outras áreas. Sua mente e seu sistema de energia se ajustarão a essa mensagem e continuarão a alimentar tal energia ainda mais. Ela, a seguir, determina uma vibração que atrai amigos frustrantes e oportunidades pouco inspiradas. Você pode achar que é por casualidade que, de repente, seus parceiros deixem sempre a desejar, seu novo emprego seja uma droga e seus amigos sejam inexpressivos, mas o que está acontecendo de fato é que os bloqueios de energia estão crescendo e se consolidando. O cenário original que antes o irritava agora o deixa cronicamente triste, ansioso e preguiçoso. Frustração, inveja, culpa, vergonha e sentimentos de inadequação começam a se acumular à medida que penetram mais fundo em seu campo e em seus *chakras*. Há potencial para o surgimento de doenças e, com o tempo, toda essa energia pode se instalar em suas células e até mesmo em sua alma. É possível perceber de que modo a limpeza de camadas de energia faz a diferença em seu bem-estar — e, caso chegue à raiz de um problema, de que maneira é possível eliminar vários bloqueios ao mesmo tempo e, francamente, mudar por completo o escopo de seu mundo.

Minha cliente Brenda é um exemplo fascinante de alguém que limpou apenas um *chakra* e, como ele era a raiz de seus problemas, salvou a própria vida. Quando Brenda era criança, desenvolveu um bloqueio no *chakra* cardíaco. Ele começou a se desenvolver um dia em que ela abraçou a mãe, uma mulher inatamente difícil e fria. A mãe reagiu ao abraço de forma inesperada e incomodada, exclamando um breve "Oh!" e retribuindo com um abraço desajeitado. Então gaguejou: "Ah, sim! Ok! Agora vamos começar com isso!" — e deixou uma impressão desagradável em Brenda. E, toda vez que Brenda tentava abraçá-la, a mãe repetia o mesmo comportamento estranho. Não demorou para que Brenda associasse o afeto físico à falsa crença de que, quando se tratava de amor, ela estaria se impondo de maneira incômoda aos outros, que não desejavam recebê-lo. Não era por acaso, então, que Brenda tinha um emprego humilhante, havia se casado com um homem narcisista e verbalmente abusivo, que se aproveitava da vulnerabilidade dela, e tinha desenvolvido câncer de mama aos trinta anos (muitos mestres espirituais creem que o câncer de mama tem relação com o *chakra* cardíaco bloqueado). Quando Brenda nos encontrou, a Mandy e a mim, seu *chakra* cardíaco estava prestes a estourar. Ensinei-lhe como limpar esse *chakra* congestionado, e também seu campo áurico. Incrivelmente, com a simples eliminação dessa única, mas enorme ferida em sua vida, minha cliente passou por uma reviravolta notável.

Em um espaço de poucas semanas, Brenda elevou sua autoestima e fez mudanças dramáticas. Durante todo esse tempo, ela sentia que seu amor era perigoso, mas, ao desbloquear sua energia, sua compreensão mudou radicalmente. Sua vida alçou voo. Brenda agora tinha uma grande confiança, que lhe permitiu encontrar um emprego novo e mais gratificante, terminar o casamento e se reconciliar com a mãe. Ao reparar o relacionamento com a mãe, ela começou a curar outros bloqueios familiares. O melhor de tudo? Seu câncer entrou em remissão. E pensar que todos esses transtornos começaram com um pensamento — a origem do bloqueio ao redor do qual ela construiu sua vida e seu sistema de crenças. Todos os seus pensamentos, sentimentos e comportamentos alimentaram essa realidade — mas isso terminou. Brenda é uma nova mulher que busca amor e paz de verdade em tudo o que faz.

Assim como na história de Brenda, percebi que o bloqueio mais avassalador e debilitante costuma ser o primeiro a ser limpo. Não importa que você tenha outros bloqueios ocultos em seu campo ou em seus *chakras*. A limpeza eliminará aquilo que for mais imediato e relevante para sua vida naquele momento, e qualquer bloqueio relacionado. Uma vez que o bloqueio primário é eliminado, você pode voltar a trabalhar em toxinas energéticas mais profundas. Por isso, reservei três ou mais dias para você limpar a energia durante a desintoxicação. A maioria de nós sabe de forma intuitiva qual é o nosso problema mais premente. Assim, pode não ser uma grande surpresa topar com ele. Mas, com certeza, será um alívio quando ele se for.

À medida que limpa sua aura e seus *chakras*, você pode descobrir que seu corpo reage fisicamente a esse processo. Seu coração pode bater mais rápido, ou você pode sentir enjoo no estômago. Isso ocorre porque a energia direcionada aos *chakras* e ao campo áurico está sendo recebida pelo corpo físico. Na realidade, às vezes a energia penetra tão fundo que cura um mal físico. Afinal de contas, a eliminação de bloqueios pode mudar seu estado emocional, espiritual e físico — bem como cenários relacionados a cada um desses bloqueios. Limpar o *chakra* da garganta pode ajudá-lo a negociar com o arquiteto que está construindo a casa que você sempre quis, e desbloquear o *chakra* sacral pode restabelecer seu senso de poder pessoal quando você dá o primeiro passo para transformar em realidade o emprego de seus sonhos. Uma vez que seus bloqueios tenham sido eliminados, a energia encontrará seu fluxo natural. Apenas tenha em mente que a extensão que a limpeza de seu corpo terá nem sempre depende de você. Você pode identificar e limpar um bloqueio, mas, não importa quão fundo vá, em última análise, depende de Deus o quanto será limpo. Há bloqueios em que você poderá dar um jeito e outros que tomarão algumas semanas ou até um mês. Muito disso pode estar relacionado às lições que você deve aprender nesta vida ou curar em determinado momento, para o bem maior de todos. Talvez sua vibração tenha de corresponder ao volume de cura que seu corpo pode receber naquele momento. Se você estabelecer, antes da limpeza, a intenção de que "seja feito tudo aquilo que for para o bem maior", poderá, então, ter a certeza de ter realizado tudo o que podia para mudar a energia.

TUDO JUNTO AGORA: AAAAH!

Agora que sua energia está tão limpa quanto um cristal, seu corpo deve se sentir leve e sua alma guiada por seu poder superior e intimamente conectada a ele. E, se você estava cronicamente deprimido e ansioso antes de seus rituais de limpeza, mesmo um pequeno empurrão emocional até a neutralidade é um passo monumental adiante. Aproveite ao máximo essa mudança de energia e de humor! Tome um café com um amigo e discretamente pague o pedido de um desconhecido. Vá pescar com seus filhos e leve-os para tomar um sorvete depois. Sua intuição, sua garganta e seu coração estão abertos para dar e receber. Seus ouvidos estão sintonizados com conversas felizes, você está se sentindo criativo e sua autoestima está intacta. Você está se sentindo neutralizado, compassivo e generoso com todo o seu eu. Que melhora incrível!

Em seguida, vou ensiná-lo a como elevar sua vibração. É essencial fazer isso para que possa atrair as pessoas e as oportunidades que corresponderão a seu grandioso e elevado estado.

• •
MAIS RECURSOS E *DOWNLOADS* GRATUITOS
Montei uma meditação poderosa de quinze minutos que você pode fazer diariamente antes de dormir. Esta meditação limpa rapidamente seus *chakras* de todas as energias e frequências de nível inferior que você encontrou ao longo do dia. Baixe-o (em inglês) gratuitamente em: *www.SpiritualActivator.com/clearyourenergy.*
• •

DIAS 7 A 9: ELEVE SUA ENERGIA

Tendo já passado da metade de sua desintoxicação, você agora dispõe de práticas simples para realizar de manhã, à noite e de improviso e que fazem as coisas acontecerem de verdade em sua vida emocional, prática e espiritual. Por exemplo, aposto que está percebendo uma mudança em sua atitude e sua perspectiva, à medida que naturalmente você se volta para o otimismo e a paz. Seus objetivos, desejos e sonhos também estão começando a entrar nos eixos. Você se sente cada vez mais conectado com pessoas que têm pensamentos iguais aos seus. E tenho certeza absoluta de que está surpreso com as "coincidências" que estão surgindo para guiar e validar seu caminho espiritual.

O ingrediente secreto é, claro, seu corpo energético protegido e limpo, que está apresentando uma vibração mais elevada do que nunca. Agora é hora de aprender a elevar *ainda mais* esse patamar energético. Sim, você me ouviu bem! Seu alvo deve ser as estrelas, no que se refere à quão elevada sua vibração pode ser. Afinal, quanto mais sua frequência aumenta, mais aumenta a sua capacidade de atrair um futuro incrível e de criá-lo em conjunto com Deus e seu eu superior. E também acho que elevar sua vibração é divertido! Sei que uma desintoxicação requer esforço e prática para se obter o máximo proveito, mas é preciso admitir que ver sua vida se transformar já é algo incrível. E, como o prazer é uma expressão emocional muito agradável, otimista e poderosa, divertir-se também carrega uma alta frequência. Portanto, quanto mais você brincar com técnicas de transcendência de vibração — mesmo que elas envolvam relaxar sozinho —, mais alto alcançará. Isso prepara seu corpo energético para descobrir e praticar seus dons espirituais e seu propósito de trabalho, aspectos que serão abordados nos próximos capítulos.

Alcançar uma vibração elevada é muito parecido com pular em uma cama elástica — é uma forma segura e gostosa de saltar cada vez mais alto. Mas, em última análise, o objetivo é fazer com que uma vibração elevada se torne *seu modo de vida*. É nesse corpo de energia turbinada que pessoas e oportunidades incríveis vão encontrar você sem esforço. Quando comecei a viver em uma frequência elevada, os problemas começaram a se resolver sozinhos ou simplesmente começaram a me evitar. Qualquer coisa que eu queira agora está ao alcance dessa vibração, e até mesmo coisas que eu não sabia serem possíveis. Problemas que antes eram grandes se tornaram pequenos, já que tenho mais amplitude de frequência para lidar com eles. A manifestação ocorre com uma velocidade surpreendente, pois meus objetivos são alimentados por uma paixão de alta frequência. Também parece natural estabelecer limites e falar minha verdade com familiares, amigos e colegas que, de outra forma, me colocariam para baixo. A essa altura, você não vive na mesma realidade que todos os demais; momentos infelizes e adversários provocadores não conseguem alcançá-lo.

Afastar os bloqueios que ancoravam você a um espaço mais inferior foi um enorme passo no processo de limpeza, purificação e elevação de sua vibração. Vamos agora usar os dias 7 a 9 para brincar com pensamentos e técnicas que o farão começar seu dia em uma vibração superelevada, resgatar essa frequência se ela cair e, por fim, manter um nível de energia estelar, de modo que você raramente se abale diante de um desafio — e, caso isso ocorra, que o ajudem a se recalibrar. O que sempre acho incrível é que, quando você finalmente passa a ter a vibração elevada como um modo de vida, nem *precisa* se proteger ou limpar a energia com regularidade. Momentos negativos vão simplesmente passar por você ou nem o afetar.

Minha cliente Jan é um exemplo perfeito disso. Quando voltava para casa nas férias, sua irmã Lilly costumava implicar com ela. Lilly perturbava Jan por causa de seu peso, de seu casamento, pela forma como criava os filhos, por causa do tamanho de sua casa e de seu salário. Mas, depois da desintoxicação, Jan elevou tanto sua vibração, e foi capaz de mantê-la assim, que os comentários maldosos de Lilly mal influenciavam seu humor. Não tem graça provocar alguém que não reage de volta, então a irmã de Jan desistiu ao perceber que seus comentários não a irritavam mais. Depois que Lilly aquietou e pareceu acessível, Jan lhe disse que suas opiniões eram dolorosas e pediu que certos tópicos não fossem tratados quando estivessem conversando. Lilly não gostou que Jan desse as cartas dessa maneira, mas logo percebeu que, se não aceitasse as condições colocadas, arriscaria ainda mais o relacionamento com a irmã e com suas sobrinhas. Passou-se um ano desde a conversa difícil de Jan, e as duas irmãs estão se acomodando em um relacionamento que é confortável para ambas.

Quando Jan me contou essa história, fiquei muito orgulhoso de sua determinação ao estabelecer limites realistas que a ajudaram a sustentar uma alta vibração. A história me trouxe à mente uma imagem vívida. Imaginei a irmã de Jan atirando pedras nela enquanto Jan andava de bicicleta na calçada em frente à casa da irmã. Então visualizei a irmã jogando pedras enquanto Jan cruzava o céu em um avião. A irmã poderia facilmente acertar Jan e fazê-la cair quando ambas estavam em planos semelhantes. Mas, quando a vibração de Jan subiu acima das nuvens, Lilly não tinha chance de acertar-lhe uma pedrada. Jan estava voando alto e bem fora do alcance de Lilly.

Uma vez que sua própria vibração ascenda, a maneira mais simples de sustentá-la se dá por meio de atividades de alta frequência e mudanças ambientais. Em pouco tempo, estas passam a fazer parte de seus hábitos diários, da mesma forma que tomar banho ou escovar os dentes. As atividades de aumento de frequência são pessoais e diferem de uma pessoa a outra. Elas aumentam também sua intuição, à medida que você fortalece o terceiro olho, por meio da escolha instintiva das atividades. Adoro pegar o carro e dar longos passeios para aumentar minha energia, mas você pode gostar de correr ou de fotografar. E, como as pessoas e oportunidades vão mudando aos poucos para refletir sua nova vibração, você logo se sentirá cada vez mais fortalecido também pela incrível energia delas. Você vai se conectar com aqueles que espelham seus valores e o inspiram a encontrar a felicidade.

Neste capítulo, vou detalhar em que momentos elevar sua energia, atividades para fazer isso, como você se sentirá quando estiver elevado, o que fazer quando sua vibração cair e os dois estados emocionais que promovem as frequências mais fortes que se pode alcançar na Terra. Não há nada que possa impedi-lo agora!

QUANDO ELEVAR SUA VIBRAÇÃO

Como prática diária, além de realizar rituais de proteção e limpeza pela manhã e à noite, agora você adicionará um exercício de elevação de vibração nos dois momentos. Também pode realizá-lo conforme necessário ao longo do dia, assim como faz com as limpezas improvisadas.

Assim, até o fim do dia 9, eu gostaria que você encontrasse e registrasse mentalmente de três a cinco exercícios de aumento de vibração que sejam eficientes para elevar sua frequência. Ao final, você terá uma atividade preferencial, além de alguns exercícios de reserva para quando quiser fazer algo diferente. Os exercícios energéticos têm isso — no início, um exercício pode ser ideal, mas com o tempo, à medida que você cresce, vai descobrir que há outros que podem ser mais adequados a seu humor e estilo de vida. Também é útil ter um exercício para a vida diária, mas quando tudo foge de controle, no escritório ou com as crianças, você pode querer sobrepor alguns exercícios de elevação de vibração para mudar a energia dentro de si e a seu redor.

Gosto de sobrepor atividades para combater as rotinas que têm o potencial de me colocar para baixo. Por exemplo, odeio lavar louça, mas adoro aprender algo e rir. Então, ouço *podcasts* educativos ou o audiolivro de algum comediante enquanto esfrego pratos e copos, para manter elevada a minha vibração durante essa tarefa mais chata. Quando meu humor fica bom, gosto de registrar cinco eventos que me fizeram sentir grato naquele dia. Encaixar atividades regulares de aumento de vibração em sua agenda me lembra a forma como, depois de uma limpeza alimentar, você escolhe quais alimentos benéficos serão melhores para nutrir seu corpo e seu estilo de vida.

ELEVANDO-SE

As práticas que visam a aumentar sua frequência nunca devem ser realizadas de maneira forçada ou como se fossem um trabalho. Caso isso ocorra, o resultado será oposto ao pretendido: você drenará sua energia e reduzirá sua vibração. Você precisa se sentir instintivamente atraído por suas escolhas. Elas devem fazê-lo sorrir, sentir-se energizado e lembrá-lo de que, ao longo do processo, vai criar a melhor versão de si mesmo.

No capítulo anterior, falamos sobre os exercícios de limpeza, mas algumas atividades de aumento de energia limpam *e* elevam ao mesmo tempo. Embora eu não queira que você pule a etapa de limpeza, apenas saiba que, caso encontre uma situação que reduz a vibração, tem a opção de escolher uma destas práticas de limpeza e aumento de energia para alcançar dois objetivos de uma só vez. A forma mais fácil de saber que se está diante de uma atividade que limpa e eleva é seguir o princípio da programação natural. Segundo ele, cada um de nós vem à

Terra conhecendo maneiras instintivas de limpar e elevar nossa energia. Afinal de contas, nossas almas encarnam em um estado limpo e elevado, de modo que retornar a tal pureza é o ideal, e deve parecer natural. É neste lugar depurado que a energia mais elevada pode fluir através de você, destinada ao bem maior. Mencionei isto brevemente no Capítulo 3, quando expliquei que o melhor estado de sua alma espelha aquele que você tinha na infância. Você talvez gostasse de andar descalço na grama, de cantar ou de brincar sozinho com seus brinquedos. Sua energia estava em paz quando você se dedicava a essas atividades, sempre limpando e elevando, embora você nem percebesse.

Assim, retornar a qualquer prática que lhe recorde a mente de sua criança interior irá transportá-lo para as profundezas de sua alma. De fato, quanto mais evocativa for sua atividade — como manter um diário com poesias ou pintar a dedo como arteterapia —, mais eficiente será sua elevação de frequência. Isso ocorre porque atividades emocionais exploram de maneira mais profunda as frequências energéticas. E mais: descobri que atividades relacionadas à natureza realmente combinam com o trabalho de nossa programação natural. Alguns clientes adoram sentir o sol ou o vento no rosto, enquanto outros gostam de estar junto ao fogo ou se sentem rejuvenescidos pela água ou cavando a terra ou a areia. Eu adorava nadar no mar quando criança e, hoje, gosto de banhos de imersão com sal de Epsom. Quando estiver explorando atividades naturais que o elevam, busque aquelas que envolvem vários elementos ao mesmo tempo. Em uma praia ou um lago, perceba como se sente quando a brisa sopra em seu rosto e como lhe parece cavar ou construir um castelo na areia. Afinal, você gostava de inúmeras atividades quando criança; isso também é esperado agora como adulto.

Ou seja, os interesses que falam a seu eu mais autêntico terão efeito mais intenso sobre sua energia. Todos os pensamentos, emoções e ações que emergem de um lugar sagrado e espiritual multiplicam frequências. Fazer música, arte, filmes, construir, tocar tigelas de som, escrever e fazer crochê são opções populares. Entregar-se a uma massagem ou fazer uma longa caminhada com um amigo também despertam emoções que movem a energia estagnada, obsoleta e debilitante para fora do seu corpo, de modo que a energia mais elevada flua. Servir ao próximo e fazer gestos de bondade também podem elevar sua energia. Segurar a porta para um desconhecido, enviar um cartão de agradecimento e mandar uma mensagem de "obrigado" são opções engrandecedoras. Ao explorar atividades que aumentam sua vibração, certifique-se de realizá-las com as melhores intenções em mente e visando ao bem maior. Partilhar, doar, cuidar e passar pela vida com amor e conexão reforçam e estabilizam sua frequência. Fazer um elogio casual a sua irmã ou comprar um lanche para alguém em situação de rua, sem muito investimento emocional, não afetará sua energia, pois seu coração aberto não está nesses gestos.

Se você se sente mais realizado quando está sozinho, o afastamento e o isolamento podem também recarregar sua bateria energética com facilidade. Minha cliente Gemma participou de um dos meus *workshops* e, no início, sentia-se sobrecarregada, ansiosa e irritada. Ela dirigiu dezoito horas para me ver, pois achava que toda a sua vida estava desmoronando e não tinha ninguém mais a quem recorrer. Embora tivesse passado por todos os passos da desintoxicação, quando chegamos ao aumento da vibração ela se sentiu muito agitada e sobrecarregada. Uma energia tremenda tende a circular durante os *workshops* e pode ser excessiva para almas sensíveis demais. Foi o caso de Gemma. Ela havia exaurido sua amplitude psíquica.

Gemma começou a chorar, balançando o corpo para frente e para trás em posição fetal, e, mesmo que fosse tímida demais para me dizer que queria ir embora, sua linguagem corporal gritava por uma fuga. Depois que a aula de aumento de vibração terminou, vi pela janela que Gemma estava levando sua mala para o estacionamento. Fiquei preocupado com ela e não entendi o motivo de sua saída repentina. Nunca antes um aluno havia abandonado um *workshop* antes do final! Corte para algumas semanas mais tarde, quando Fatou, uma das minhas melhores agentes de cura certificadas, e líder de *workshops*, encontrou Gemma em um aeroporto — e ela estava com uma aparência incrível! Fatou contou que Gemma agora emanava uma energia saudável e de paz e disse achar que meu *workshop* de desintoxicação a havia curado. Gemma falou que se sentia uma nova mulher. Fiquei muito aliviado ao ouvir isso e instintivamente soube que o que Gemma precisava para elevar sua vibração não era uma atividade espiritual em grupo, mas o isolamento, suas músicas favoritas e uma longa viagem para casa por estradas secundárias sombreadas por árvores. Quando precisou de um reforço, Gemma encontrou-o na solidão.

Outra maneira fascinante de aumentar sua vibração é por meio da terapia de energia de cores; esta é uma ferramenta simples e poderosa. A luz é a maneira mais rápida e forte de transmitir uma alta frequência para seu corpo energético, chegando ao nível celular. A luz também viaja mais rápido que a velocidade do som, por isso transporta energia rapidamente. Comece fechando os olhos e estabelecendo uma intenção como: "Quero elevar minha vibração a um nível alto e sustentável". Em seguida, imagine que seu corpo é percorrido por luz e energia puras e curativas. A luz pode ser branca, dourada, roxa — não importa, desde que, para você, a cor simbolize a divindade. Imagine a luz o mais focada e concentrada que puder, como o feixe de um *laser*, e transportando o amor divino dentro de si. Imagine-a vindo dos céus, tocando o alto de sua cabeça e a seguir expandindo-se para preencher seu corpo. Assegure-se de que ela chegue a cada ponto de seu ser, do alto da cabeça às pontas dos dedos dos pés. Agora, deixe esse feixe de luz erguê-lo para o céu — acima de sua casa, da cidade, do estado, do país, do mundo. Imagine segui-lo o mais alto que puder. Quando alcançar os céus, você estará o mais perto possível de Deus. Desfrute da luz e do amor. Inspire por três segundos, segure por três segundos e expire por mais três. Cada parte sua agora está repleta da alta energia vibracional que você está respirando. Quando estiver pronto, permita-se suavemente flutuar de volta à Terra, como uma pena. Já no chão, imagine raízes crescendo de seus pés e penetrando na terra. Isso irá ancorar você, para que não se sinta o dia inteiro aéreo e com a cabeça nas nuvens.

Conforme sua energia se eleva, ela vai criar um ambiente que atenda à frequência em que você está agora. Você vai se pegar entregando-se a projetos de paixão, com pessoas de personalidade compatível, que o fazem se sentir seguro, compreendido e totalmente você mesmo. Não vai se sentir mais na defensiva, ou inadequado, em companhia dos outros. Irá criar uma família de alma que faça com que se sinta aceito e festejado, e com isso sua energia se elevará ainda mais. Oferecer um jantar para seus novos amigos não parecerá uma façanha social, mas uma refeição casual. Você se sentirá em casa em seu corpo, em sua mente e no mundo a seu redor.

VIBRAÇÕES CRISTALINAS

Os cristais são uma tremenda ferramenta para ajudar a elevar e sustentar uma vibração elevada. Podem ser um acréscimo fascinante e atraente às suas práticas, mas por favor saiba que você pode elevar sua energia sem eles. Já vi alunos abrirem mão de seu poder, acreditando não poder seguir em frente sem uma certa pedra na mão, e isso não é verdade. Tudo o que você pode fazer com um cristal, você pode fazer sem ele. Quando você usa cristais, a utilidade deles é apenas lembrá-lo de suas habilidades inatas ou despertá-las. Se você percebe e internaliza tal fato, pode usar os cristais de uma forma mais avançada enquanto mantém seu próprio poder. Dito isso, eu mesmo tenho algumas pedras favoritas que me auxiliam quando uma mãozinha é útil ou necessária.

Gosto de usar cristais ao pescoço ou posicioná-los estrategicamente em meu quarto — na mesa de cabeceira, sob a cama ou nos cantos do aposento. Cristais escuros como quartzo-fumê, obsidiana e turmalina-negra protegem contra vibrações negativas e bloqueiam a energia pesada que vem de fontes como espíritos assustadores e campos eletromagnéticos. O citrino é ótimo para autolimpeza, pois contém a energia do sol; ele dissolve a energia baixa e a substitui por vibrações alegres e rejuvenescedoras, de frequência mais elevada. A selenita pode ativar e elevar sua vibração; é também usada em meditações, curas e rituais de limpeza. Se puser um bastão de selenita em cada canto de seu quarto, ele evocará os reinos angelicais e facilitará a interação com esta dimensão. Por fim, adoro a ametista, por abrir meu *chakra* coronário para visões mais vívidas e por acolher informações intuitivas e a cura. O quartzo-rosa abre o coração de qualquer pessoa, equilibra a saúde emocional e ajuda a liberar bloqueios. É conhecido por ajudar o *chakra* cardíaco na cura de dor e trauma, fazer a conexão com amigos e familiares e recordá-lo de sempre de praticar o amor por si mesmo e o autocuidado.

SEMPRE ELEVADO

Conforme você evolui nas atividades que elevam sua energia, desfrute dos sentimentos que elas evocam. Você está sentindo menos medo e estresse? O nó em seu estômago desapareceu? Você é grato pelo fato de tantas emoções positivas serem seu novo normal? O futuro deve parecer incrível, o que eleva ainda mais sua energia e lhe dá bons motivos para comemorar o crescimento.

A maneira mais simples de avaliar até que ponto sua vibração mudou é comparar como você se sente agora com o modo como se sentia antes da desintoxicação. Você também pode perguntar a confidentes confiáveis se notaram alguma diferença. Este é ainda um ótimo momento para fazer um diário sobre como progrediu desde que a desintoxicação teve início — e deixe espaço para comparar o presente momento com o que você sentirá daqui a alguns meses, desde que consiga manter suas práticas. Considere: você está ansioso ou triste? Seus amigos ainda o colocam para baixo e, em caso afirmativo, você está respondendo de modo diferente? Você continua com o mesmo par romântico e, em caso afirmativo, essa relação mudou? Como está seu nível de energia? Você gosta de seu trabalho ou o detesta? Sente que se acomodou na vida ou está realizado em tudo o que faz?

À medida que sua vibração se eleva, e você sente vontade de reestruturar seu mundo e as pessoas que nele estão, talvez se sinta dividido quanto a passar seu tempo com velhos amigos, colegas e familiares que fazem você ficar para baixo e baixam sua frequência. Não vivemos em um mundo perfeito onde é fácil, ou mesmo uma boa ideia, se proteger de todos os gatilhos de baixa vibração, e por isso é normal — e totalmente ok — que, como resultado, sua energia flutue. Você não pode evitar todos os efeitos que a doença, o luto, a má sorte, o trauma ou os amigos temperamentais têm sobre você. E fugir desses sentimentos não lhe permite viver uma experiência humana, aprender lições e desenvolver sua alma. Prosperar neste plano terrestre significa ajustar-se às complicações que ele traz e que estão fora de nosso controle. Então, quando você enfrentar uma situação complicada, não exclua as pessoas pessimistas nem fuja de conversas difíceis. Respeite o passado e a dor dos outros, mas use suas ferramentas de limpeza e de elevação. Responda com escuta, amor e limites.

Criar limites com personalidades desagradáveis exercita os *chakras* sacral e da garganta, que empoderam e curam. Você talvez não consiga expressar perfeitamente sua verdade no início, e está tudo bem. Dê um desconto a si mesmo. A maior parte dos meus clientes exagera no rigor antes de estabelecer limites que sejam confortáveis para todos. Não se sinta culpado ou se penitencie. Além disso, não peça perdão por estabelecer limites logo de cara. A melhor maneira de se manter fiel a si mesmo é começar qualquer conversa sobre limites com: "Eu te amo, mas/e...". Isso mantém sua energia intacta, já que você está colocando o amor em primeiro lugar. Também vai ajudá-lo a canalizar as palavras de orientação divina, para o bem maior de todos.

Quando meu filho Braydon era pequeno, meu pai costumava fazê-lo passar vergonha se ele não terminasse a refeição ou cometesse algum erro na lição de casa. Não fiquei muito surpreso quando isso aconteceu pela primeira vez, pois meu pai também tinha sido muito crítico comigo quando eu era criança. Mas minha esposa e eu decidimos que isso era inaceitável em se tratando do nosso filho. Tive uma conversa séria com papai e, de forma direta, disse para parar com aquilo — ou senão... Meu tom rigoroso foi um pouco exagerado, o que só fez com que meu pai me ignorasse. Assim, quando falei com ele pela segunda vez, peguei mais leve, mas ainda fui firme. Eu disse: "Eu te amo, mas você não está respeitando os limites que colocamos quanto à criação de Braydon, então vamos manter distância até que aprenda a respeitar esses limites". Note como conduzi a conversa com amor e não afastei papai completamente; também disse que, se ele corrigisse seu comportamento, permitiríamos que passasse mais tempo com o neto. Essa discussão mais gentil manteve papai na linha e minha energia elevada. Hoje, ele tem uma relação amorosa com meus dois filhos e o devido respeito por nossos limites.

QUANDO SUA VIBRAÇÃO ESTÁ COM PROBLEMAS

Se percebo que minha energia está declinando e não corrijo de imediato minha frequência, o universo me manda alertas muito evidentes. Quando comecei a curar e a ensinar, estabeleci a intenção "Deus, se minha frequência declinar, por favor, envie-me sinais que sejam de fato evidentes, para que eu possa elevá-la de novo para o bem maior de todos!". Dessa forma, quando uma *vibe* não está legal, não tenho como ignorar o caos à minha volta. Eu gostaria que você fizesse o mesmo, de modo que o universo possa rapidamente indicar a necessidade de correção. Embora esses sinais possam incomodá-lo no início, eles não constituem uma notícia ruim. São um alerta de Deus, que está incentivando você a trabalhar sua energia e retornar a um rumo vibracional elevado.

Percebi que três sinais concretos aparecem quando a energia começa a declinar. Caso você note um ou mais, é hora de se recalibrar com uma atividade de elevação de vibração. O interessante do trabalho energético é que as frequências podem ser controladas como um mostrador de rádio. A energia está sempre oscilando, de maneira que, se você não gosta de sua frequência, pode mudar de canal e encontrar outro que lhe agrade. Você também deve reservar um minuto para examinar qual foi a causa inicial que levou ao declínio de sua energia e resolver esse problema antes que ele alimente ou origine um bloqueio.

O primeiro sinal de declínio de sua vibração é que suas emoções ficam em frangalhos. Ansiedade, vergonha, medo, inadequação, desesperança, abandono... Esses sentimentos negativos têm origem no medo e podem se tornar um problema se você ficar preso neles. Não há problema em se sentir triste ou ter raiva, e é irreal pensar que devemos agir ou nos sentir positivos em período integral, mas agora que você entende a frequência prejudicial que tais emoções emanam, certifique-se de não permanecer tempo demais nesse estado. Escolha uma atividade que desperte alegria e, então, compreenda o que causou esses sentimentos e pacificamente deixe-os ir.

O segundo sinal de que sua vibração está baixa é que você vai atrair pessoas com sentimentos predominantemente negativos — e cujas ações, palavras e valores fundamentais irão drenar sua energia. Não as elimine de sua vida (a menos que sejam incrivelmente tóxicas), mas estabeleça limites, como já discutimos. Você também pode usar uma de suas atividades de elevação de energia, ou imaginar a pessoa envolta por uma bolha rosa de amor, que você envia para os céus. Caso contrário, passará horas fazendo banhos de sal, dançando e saindo para caminhar, e empregará tempo demais para lidar com uma única pessoa! De novo, descubra o que você está fazendo ou dizendo que atrai essas pessoas de vibração inferior para suas palavras ou seu estilo de vida e quais hábitos pode querer ajustar para que apareçam com menor frequência.

O terceiro e último sinal é que muitos problemas e oportunidades ruins começam a cair em seu colo. Você pode se ver repentinamente sobrecarregado por problemas financeiros ou sentir que está sendo puxado para baixo pelo peso do trabalho. Você torce o tornozelo na academia e aquele cruzeiro de aniversário para o Havaí é cancelado devido a um surto de norovírus. Para virar o jogo, execute uma de suas atividades e lembre-se de quem você realmente é. Lembre-se de sua própria divindade e de que elevar sua energia é algo que está sob seu controle. Reserve sempre um momento para analisar o motivo pelo qual você atraiu todo esse caos.

Além desses três sinais, você vai sentir como se estivesse dentro de um turbilhão de azar. Aparelhos quebram, seus filhos têm problemas na escola, um membro da família fica doente, o *wi-fi* fica sem sinal... O curioso é que meus cães também são afetados por quedas de energia. Uma vez, um velho amigo meu, que tem muitos problemas criados por si mesmo e tende a ser energeticamente pesado, veio nos visitar. Eu sabia que aquela não era uma ideia incrível, mas queria colocar o papo em dia, em nome dos velhos tempos. Olha! Meus cachorros odiaram essa decisão! Eles tiveram diarreia, e foi pela casa toda, o que é muito estranho porque são bem treinados. Daí em diante, o intestino solto deles tornou-se um dos muitos sinais de que minha frequência estava em perigo. Os cães são seres energéticos e podem facilmente sentir declínios de energia e, por isso, fazem essa depuração.

SENTE-SE PARA BAIXO? TENTE UMA MEDITAÇÃO DO SEU EU SUPERIOR

Se sua energia precisa de um impulso para cima e/ou você precisa de ajuda para entender por que ela declinou, uma meditação do seu eu superior pode ajudar. Nesta meditação, você se conecta com uma versão de sua alma que (1) o enche de energia intocada e (2) já encontrou as respostas para algumas de suas perguntas. Acredito que, enquanto você está vivendo em uma linha do tempo presente, simultaneamente existem também no universo várias linhas do tempo passadas, presentes e futuras. Embora você tenha livre-arbítrio em todas as vidas, falar com seu eu superior pode ajudá-lo a obter *insights*. Isso ocorre porque sua versão superior está ciente de — e já enfrentou — alguma versão dos problemas que você está enfrentando agora. Passar algum tempo com seu eu superior pode ser tudo o que é necessário para retornar sua energia a uma frequência elevada. Também pode revelar novos *insights*, sentimentos, pensamentos e caminhos de cura que você pode tomar.

Seu eu superior existe em um campo vibratório que está além da Terra e não é influenciado por programações passadas ou criações mundanas. O simples fato de estar na presença de seu eu superior já lhe proporciona um ambiente rico em informação. Você sequer precisa conversar com essa versão sua. Alguns de meus clientes se queixam de que seu eu superior não se comunica verbalmente com eles, mas é suficiente desfrutar de sua presença e receber a energia dessa criação edificante. Ela enche você de respostas quando são necessárias.

Para acessar seu eu superior, você deve estar pelo menos em uma vibração neutra a partir da qual é capaz de alcançá-lo. Ir de um colapso emocional para a sabedoria divina é um salto vibracional alto demais para ser dado — e, se por acaso você der esse salto, vai jogar com a sorte, e isso será algo insustentável. Para chegar a uma vibração neutra, pode ser suficiente fazer algumas respirações, sair para dar uma corrida, desabafar com um amigo e liberar suas frustrações ou rir de vídeos antigos do *The Tonight Show* no YouTube, de modo a alcançar um estado mental mais calmo e centrado.

Agora imagine uma luz colorida (gosto de usar a cor roxa) que vem do céu e preenche você. Quando estiver repleto, siga a luz roxa como um *laser* de volta para o céu, acima da terra e o mais alto que puder. Então você vai desfrutar a energia e a luz de Deus, como se estivesse na praia em um dia ensolarado. Quando estiver pronto, deslize suavemente de volta para a terra. Eu não me comunico com meu eu superior ou com outros seres celestiais durante o processo. Acredito que, se você conseguir se conectar com a energia de Deus, ela vai transmutar os pensamentos, soluções e dons que ainda precisa adquirir para tornar-se seu eu futuro. Ao final desta visualização, peça respostas a seu eu superior. Agora, ele irá fornecê-las.

PONTOS ELEVADOS: AMOR E ENTREGA

As frequências mais elevadas que você pode alcançar são o amor e a entrega — portanto, quando sua vibração estiver precisando de um impulso, servir aos outros com amor ou se render a um poder superior certamente elevarão sua frequência ou a levarão de volta a seu ponto mais alto. Existir em um nível tão elevado também lhe revela se você está vivendo sua história humana ou sua história divina. Quando está vivendo sua história humana, você é limitado; mas, quando encarna sua história divina, você é *ilimitado*. Sua história humana inclui todos os seus limites, como traumas, doenças, desilusões e dívidas. Mas sua história divina diz respeito a seus dons, à criação e a seu eu superior. Quando seu foco é viver sua história divina, ele diz respeito a amor, potencial, criação e novidade; isso faz sua história humana parecer secundária, ou quem sabe às vezes até irrelevante, não acha? Se me perguntar, para mim, viver sua história divina é uma maneira reveladora e de alta vibração de estar no mundo com graça e glória a Deus. Ambas as histórias estão disponíveis para você. Você pode até criar um quadro de visualização que lhe recorde as conquistas de sua história divina, de forma a manter-se no caminho certo. Nesse quadro, você colocará lembretes dos momentos em que recebeu uma lição, notou um sinal e testemunhou um milagre — em outras palavras, os momentos em que sua história divina se manifestou na vida real. Não se trata de um quadro sobre o que você quer criar no futuro; é uma recordação e uma *prova* de que o universo cuida e, mesmo na Terra, honra o divino que existe em você.

O amor manifesta-se de muitas formas. Ele pode surgir como gratidão, conexão, perdão, empatia ou compaixão. Assim, faço o melhor que posso para preencher minha vida com pessoas e oportunidades que encarnem o amor da melhor forma possível. Minhas babás, meus amigos, meus funcionários — são todas pessoas de coração aberto e amorosas. Isso ajuda com que a frequência geral de nossa casa e de nossa empresa permaneça elevada e evita emoções mais inferiores, como medo, vergonha, raiva, tristeza e fúria. É claro que é impossível evitar alguns desses sentimentos quando estou atuando como agente de cura, professor ou ativador espiritual, pois tenho propensão a sentir o que os outros sentem — em especial sua dor. Mas, quando isso acontece, sei como limpar e elevar minha energia outra vez. Também percebo que, quando não me rodeio de amor, as coisas se movem em um ritmo mais lento. Demoro mais para resolver problemas, corrigir questões de saúde, criar novos projetos — a vida se arrasta.

Antes de conduzir meus próprios *workshops*, trabalhei em estreita colaboração com Mandy para produzir, promover e ajudar nos *workshops* ministrados por ela. Lembro-me de uma mulher chamada Jennifer, frequentadora assídua dos eventos de Mandy, que levou sua amiga Betsy a um *workshop* com a esperança de que Mandy pudesse ajudá-la. Betsy tinha tendências suicidas, o que me preocupou, por motivos óbvios. Eu sabia que essa aluna seria um desafio particularmente grande para nós. A pobre Betsy já havia passado por muita coisa. Durante muitos anos, ela teve um parceiro abusivo com repetidas passagens pela cadeia, tinha uma doença autoimune crônica, fora demitida recentemente de seu emprego, lutava contra a depressão, havia se tratado com um terapeuta por 25 anos, tomava remédios pesados e já tinha escrito sua carta de suicídio quando veio nos ver. Betsy achava que não tinha mais razão para viver, e eu podia sentir a dor dessa mulher. Raramente vejo tanta derrota no rosto e na alma de um aluno. Mas concordamos em tentar ajudá-la. O que poderia acontecer de pior?

A desintoxicação de Betsy não correu como eu esperava — em um bom sentido. Eu havia traçado um plano mental para colocar Betsy de volta nos trilhos, pois as apostas eram muito altas. No dia 1, Mandy e eu apenas ficamos algum tempo com Betsy, para conhecê-la e aos demais participantes do *workshop*. Nesse primeiro dia, costumamos colocar o máximo possível de amor no ambiente e em nossos alunos. Então, no dia 2 — antes mesmo de começarmos nossas aulas táticas —, Betsy abriu um sorriso. A cor voltou à sua face, e ela contou de forma franca sua história. Disse que se sentia curada, e eu soube que, por mais inacreditável que possa parecer, essa reviravolta havia se manifestado somente devido à frequência amorosa. Eu nunca tinha visto nada igual! No dia 3, todos passamos o dia curtindo a companhia mútua e uma nova amizade. Quando perguntei a Betsy o que havia ajudado naquela mudança de rumo tão rápida, ela confirmou ter sido o amor incondicional que sentiu emanar de Mandy. Betsy disse que a mãe raramente demonstrava amor por ela, mas o amor de Mandy ajudou a colar todos os cacos de volta. Sempre fico assombrado quando constato como o amor consegue furar os bloqueios de forma tão rápida e efetiva.

Incorporar em si a energia do amor dá início imediato à transformação, porque essa energia abre e trabalha o *chakra* cardíaco, que constitui o campo de energia mais poderoso de seu corpo. Ela eleva sua vibração enquanto afeta o *chakra* coronário, permitindo que a intuição amorosa flua. E, ao demonstrar ativamente o amor, você está a serviço do bem maior. Você realiza atos altruístas de grande intensidade emocional e utiliza ao máximo esse estado. Pode demonstrar o amor por meio de uma boa ação ou demonstrar e transferir tal sentimento para a companhia de outra pessoa. Enquanto para algumas pessoas a melhor forma de abrir o coração é fazer uma doação a uma instituição de caridade, para outras pessoas pode ser preparar uma refeição para um ente querido ou conectar-se com alguém que passa necessidade. Sou tomado por uma sensação cálida, abrangente, quando presto serviço em um *workshop* ou ambiente de grupo. Mandy consegue apenas estar com outra pessoa e esta sentir seu imenso amor.

A entrega é seu outro fator decisivo quanto à frequência — uma frequência incrivelmente elevada emana quando você está disposto a se entregar a um poder superior e se submeter àquilo que o está travando. Seu passo de ação aqui não é, na verdade, um passo de ação; é uma mudança emocional, interna, que você faz em sua mente. Ao perceber que não dispõe de todas as respostas pelas quais anseia, você entrega o problema e o coloca nas mãos de Deus. Nesse ponto, você segue qualquer sinal determinado por Deus para conduzi-lo ao bem maior. Estabeleça a intenção "Deus, não sei todas as respostas e estou pedindo ajuda". Essa intenção move montanhas. Desistir de tentar controlar aquilo sobre o que você não tem controle — e entregá-lo à energia superior de nosso universo — permite-lhe sair do caminho para que Deus possa determinar o que virá a seguir, e o que será melhor, para você. Repouse na vibração da confiança e da fé.

Entregar seu problema a Deus e depois esperar por alguma orientação não é uma forma preguiçosa de lidar com um problema. Tampouco significa desistir. Você deve fazer o trabalho de seguir as pistas que aparecem no mundo real ou são comunicadas a seu coração e seus instintos. Uma vez que recebe sinais, você deve aceitá-los de imediato, sabendo que quem está no comando não é sua mente, mas um poder superior. Os sinais de Deus podem ocorrer uma hora, alguns dias ou até uma semana depois. Entregar-me a esse processo nunca me decepcionou.

Como o amor e a entrega vibram muito alto, Mandy e eu recorremos a eles quando temos um problema difícil ou uma questão emocional a ser superada. O amor, como eu já disse, é um recurso simples de usar, e só é necessário buscar dentro de si para servir e cuidar dos outros. Já a entrega é outra história. Costumávamos praticá-la como último recurso, depois de ter rodado em círculos, sem ter mais ao que recorrer, mas agora nos esforçamos para fazer da entrega *o primeiro passo* para que Deus esteja totalmente no controle de nosso processo, desde o início. É claro que isso é mais fácil dizer do que fazer. Emoções, expectativas, nossas mentes de macaco e necessidade de controle podem atrapalhar. No entanto, nossas intenções soam assim: "Deus, estou muito perdido. Por favor, guie-me em meus próximos passos. Estou aberto. Sendo sincero, está além do que sou capaz e preciso de sua ajuda". Estabelecemos tais intenções com humildade, vulnerabilidade e sinceridade — quanto mais emoção real, melhor. Isso nos conecta ao universo a partir de um profundo e verdadeiro espaço do coração.

FAZENDO DA ALTA ENERGIA UM ESTILO DE VIDA

Em pouco tempo, elevar e manter a energia vai se tornar um modo de vida. E, quando você eleva e mantém sua vibração, fatores que poderiam fazê-la diminuir começam a aparecer, de modo que possa evitá-los ou eliminá-los antes que se transformem em bloqueios desafiadores. Nessa vibração elevada, você também terá sensibilidade quanto a situações contrárias a seus novos valores e prioridades. Seu corpo sempre vai querer voltar à sua melhor vibração — e pessoas ou situações que não se encaixam nela vão parecer incômodas e estranhas. O melhor é que cenários que antes o frustravam não terão a mesma carga emocional de antes. Você não vai mais ansiar por emoções fortes. Trocando em miúdos, você renasceu, e cada parte de seu ser sabe disso.

Alguns anos atrás, minha cliente Sue me procurou para que eu a ajudasse a elevar sua vibração. Ela contou que já havia algum tempo que se sentia presa em um estado vibratório baixo e atraíra um namorado que não só a estava traindo, como de modo geral a tratava mal. Enquanto trabalhava em Sue, senti que ela e o namorado ainda estavam juntos porque as baixas vibrações de ambos se atraíam uma pela outra. Depois de ajudar Sue a elevar sua vibração, sugeri que o namorado viesse me ver para que eu também trabalhasse com ele, promovendo uma maior compatibilidade. Ela não queria terminar a relação e gostou da sugestão. Dito tudo isso, depois de dirigir seis horas para me ver, o namorado de Sue sequer conseguiu entrar em nossa casa de alta vibração, dizendo que só de estar ali perto sentia-se desconfortável, ansioso e com medo! Então, preferiu dar meia-volta e ir embora, sem qualquer cura — nem mesmo feita do lado de fora de casa! Isso me fez pensar nas pessoas que têm a consciência pesada e que se sentem mal ao entrarem em uma igreja porque suas vibrações não combinam com o ambiente. Emitimos energia de nossos campos e, se as energias não forem semelhantes, não vão conseguir coexistir. Por fim, Sue terminou com o rapaz e, pouco depois, conheceu outro homem com quem se casou. As vibrações e ambições de ambos não só combinam, como encorajam um ao outro a serem seu melhor.

Como Sue e tantas outras pessoas, quando você vive o dia a dia com uma vibração cintilante, seu normal muda para melhor. Você se sente mais brilhante e mais feliz, movido pela energia divina e não pelas prioridades humanas. Use essa energia de criação para transpor qualquer obstáculo. É seu poder unido ao poder de Deus — uma energia audaciosa e bela, em sua forma mais pura. Quando você incorpora essa frequência, ela alimenta sua alma, cura bloqueios existentes e impede que outros venham a se formar no futuro.

No próximo capítulo, você vai — rufem os tambores, por favor — descobrir e explorar seus dons sobrenaturais únicos. Esta é uma das partes mais emocionantes de minha desintoxicação — a parte que deixa meus alunos cheios de expectativa. Os dons são muito especiais e estão conectados a seu propósito, pois proporcionam clareza e orientação e o guiam rumo ao bem maior. Então, sem mais delongas...

MAIS RECURSOS E *DOWNLOADS* GRATUITOS

Montei uma *checklist* diária poderosa chamada "21 maneiras pelas quais você pode aumentar sua vibração rapidamente". Baixe-a (em inglês) gratuitamente em: *www.SpiritualActivator.com/raiseyourvibe*.

DIAS 10 A 12: DESCUBRA SEUS DONS

Como o escritor Mark Twain costumava dizer, "os dois dias mais importantes da sua vida são: o dia em que você nasceu e o dia em que você descobre o porquê". É aqui que entram seus dons espirituais. Os dons espirituais nos são dados para que prosperemos nesta vida e sirvamos aos outros de todo o coração, para o maior bem de todos. Nossos dons também estão diretamente ligados a nosso propósito de trabalho, que discutiremos mais a fundo no próximo capítulo, mas, por enquanto, saiba que você nunca deve cair na armadilha de desejar que seu serviço "pareça" de uma determinada maneira. Um monge que meditou no topo de uma montanha por vinte anos pode ter o mesmo impacto vibracional que uma pessoa que sorri para um desconhecido com depressão ou uma mãe ou um pai que, por generosidade, ensinam os filhos depois das aulas.

Cada um de nós recebeu um ou mais dons espirituais — e sim, estou falando de habilidades sobrenaturais. E, ainda que seja algo surpreendente de imaginar — *eu? Um vidente ou agente de cura?* —, seus dons estão se revelando de modo que você possa usá-los para um propósito maior, e nunca com a intenção de magoar ou causar dano. É uma boa ideia começar a usá-los com amigos e familiares até que você se sinta à vontade o bastante com suas habilidades para assumi-las e servir aos demais sem hesitação. O mais importante é saber que seus dons foram revelados, e se desenvolverão e crescerão, no lugar e na hora perfeitos. Você recebeu habilidades de origem divina para que sua alma possa honrar e respeitar os dons de Deus e usá-los de modo a tornar o mundo um lugar melhor.

Todos os dons são delineados em um contrato de alma que você assina antes de encarnar nesta vida e neste corpo. E, embora seus dons sejam específicos para as lições e o propósito de trabalho que é sua tarefa buscar, você também pode ter tido dons diferentes em vidas passadas que pode utilizar agora. Juntos, seus dons unirão forças para que você disponha das habilidades de que necessita. Por exemplo, se você foi um vidente em uma vida passada e um agente de cura nesta, ter à sua disposição ambos os dons o tornará melhor em seu propósito de trabalho. Como um agente de cura pelas mãos dotado de habilidades psíquicas, você pode determinar de onde vem uma doença, se é influenciada por traumas e quando ela seguirá seu curso. Isso expande um dom de cura que lhe permite apenas eliminar bloqueios e doenças de um corpo. Dito isso, neste livro você vai explorar somente seu dom primário. Dons futuros, sejam eles novos ou de vidas passadas, provavelmente aparecerão mais tarde — e quando você estiver pronto em termos energéticos.

Seu dom é um veículo para espalhar esperança, misericórdia, fé, compaixão e generosidade. Você tem trabalhos espirituais neste planeta e, pelo uso de suas habilidades, Deus quer que forme uma comunhão dedicada que ame, ilumine e ajude os outros a viver suas vidas com propósito e empoderamento. Exploraremos no próximo capítulo de que modo usar seus dons para o propósito de trabalho. Por ora, você simplesmente descobrirá o dom primário que usará para tornar mais pacífica a experiência humana de todos, incluindo a sua. Afinal, vivemos em um mundo difícil, repleto de mágoas, doenças, egoísmo, orgulho, raiva, tristeza, vergonha, culpa, medo e outras experiências e emoções que nos esgotam e compreensivelmente reduzem as vibrações. Inclinar-se para dons que tornam a vida mais alegre e significativa vai trazer um pouco de sol às lutas que enfrentamos todos os dias.

Neste capítulo, discutiremos em que momento explorar seus dons durante esta desintoxicação, por que seus dons só são acessíveis em certas vibrações e como eles lhe deram pistas de terem o tempo todo feito parte de sua alma. Você então vai ler sobre os seis dons que vejo com mais frequência em meus *workshops* e decidir quais você tem — inclusive com uma meditação para elucidar qualquer confusão. Essa é uma parte muito gostosa do trabalho que faço. Seus dons espirituais estão prontos para encontrar você!

QUANDO EXPLORAR SEUS DONS

Durante os dias 10 a 12, você se dedicará a entender e se familiarizar com seu dom primário, embora *vá praticá-lo apenas nos três últimos dias da desintoxicação*, discutidos no próximo capítulo. Neste ponto do programa, eu gostaria que você continuasse realizando as práticas matinais, noturnas e improvisadas opcionais conforme descobre seu dom primário. É importante continuar com essa rotina neste momento, para que a coisa toda se transforme em hábito e pareça natural. Quero que sua rotina geral de desintoxicação realmente se torne permanente para que você possa continuar a crescer, sabendo como é se desenvolver e viver em sua própria e genuína energia.

No dia 10, gostaria que você revisasse os seis dons espirituais deste capítulo e descobrisse qual deles melhor o descreve. Observe como você se sente ao ler cada descrição. Dá uma sensação boa? Você é inundado por paz e amor? Sente-se entusiasmado ou "reconhecido"? Seu instinto lhe diz que certos dons são exatamente o que precisa para começar o capítulo seguinte de sua vida? De novo, escolha o dom que mais ressoa com você. Se você se identifica com mais de um, incluí uma meditação ao final do capítulo que vai ajudá-lo a determinar em que ordem deve explorá-los.

No dia 11, depois de acolher seu dom, examine de que maneiras seu passado vem sugerindo essa habilidade o tempo todo. Esta não é apenas uma atividade divertida, mas um exercício revelador, que reforça a fé no plano de sua alma e ajuda você a confiar em seu caminho futuro — e também nos anjos da guarda e outras almas que o guiam. Pergunte a si mesmo: por quais atividades você tem sentido mais atração? Quem, em sua comunidade, é a pessoa que mais o influencia e inspira? O que você fez no passado que usou aspectos desse dom? Já recebeu elogios por características de seu dom?

No dia 12, você vai descansar. Determinar quais são seus dons pode ser exaustivo em termos emocionais e espirituais. Tire o dia para processar o que aprendeu e deixe que essas novas informações sejam assimiladas e integradas à sua consciência. Faça uma caminhada, tome um banho de espuma ou aconchegue-se com um animal de estimação. Você encontrou um novo e empolgante motivo para sair da cama de manhã e ser o seu melhor.

OS DONS SÓ SURGEM COM A VIBRAÇÃO CERTA

Explorar seus dons é o passo seguinte coerente em sua desintoxicação, depois do trabalho duro para elevar e manter uma alta vibração, uma vez que você só pode acessar a melhor versão de seus dons quando sua energia está elevada e forte. O desempenho de um dom tem uma base vibracional, de modo que, quanto mais elevada sua energia for, mais forte e fácil se torna acessá-lo. É possível utilizar os dons em uma vibração mais baixa, mas você só conseguirá usar habilidades rudimentares e baixa energia vibracional (por exemplo, se você é um canalizador ou vidente, e sua energia vibra com sentimentos de vergonha, vai ter acesso apenas a espíritos que existem em uma frequência igualmente baixa). Isso também acontecerá se você consumir regularmente drogas ilícitas ou sentir emoções negativas como vergonha, raiva e apatia, presentes quando a frequência é menor. Por outro lado, elevar sua energia destrava níveis de frequência mais fortes e empolgantes, que lhe permitem experimentar seu dom de maneira madura. Quanto mais elevada sua vibração, mais efetivos serão seus dons.

O universo planeja que você use seus dons como um GPS espiritual — um sistema de navegação que você sintoniza todos os dias e que o guiará rumo à sua melhor vida. Quando você permite que a energia flua claramente através de si enquanto usa suas habilidades, em especial depois de uma desintoxicação, isso naturalmente aumenta sua vibração e aponta rumo ao despertar. Sua intuição também está em seu estado mais potente quando você a usa para trabalhar com seus dons. Quando aceitei meus dons espirituais, minha vida virou de cabeça para baixo. Antes melancólico e sem rumo na maioria dos dias, passei a me sentir escolhido e com propósito. Passei a fluir e existir, todos os dias, em uma vibração naturalmente elevada. Eu adorava servir aos outros e me sentia guiado o tempo todo.

LIGANDO OS PONTOS

Depois de analisar as descrições de dons apresentadas a seguir, e de reconhecer quais os que mais parecem com você, sua mente terá um momento imediato de descoberta. Em seguida, ela começará a revisar automaticamente seu passado e a levar em conta atrações intuitivas, escolhas de carreira, sonhos, doenças e momentos impactantes que pareçam ter alguma ligação temática com seus dons. O universo foi deixando pistas para ajudá-lo a reconhecer isso desde que você nasceu, mas só agora você está pronto para ligar os pontos do passado ao presente — em especial com suas paixões ou linha de trabalho. Se você é escritor profissional na área da saúde, pode ser um canalizador ou um agente de cura. Se é psicólogo, pode ser um transmutador. Ao ler as descrições dos dons daqui a pouco, começará a reconhecer como seus pontos fortes se relacionam com seus dons.

Todos nascem com dons inatos, mas algumas pessoas os desligam muito cedo. Pode ter sido doloroso ou assustador defrontar-se com a possibilidade de tê-los, devido a restrições sociais. Ou talvez, quando criança, você tenha visto um espírito e se assustado com ele. Você pode também ter ficado preocupado se sua família iria pensar erroneamente que você estaria interessado em ocultismo. Ouvi isso de clientes em todo o mundo — do Cinturão da Bíblia, no sul dos Estados Unidos, a países católicos como o Brasil ou as Filipinas. Ainda assim, acredito que a condenação vem daqueles que precisam sentir certeza em suas vidas ou ter controle sobre os outros; o julgamento deles não tem nada a ver com a sua alma. Mas eu entendo por que você se sentiria pressionado a se adequar ao ambiente ao seu redor. Comigo aconteceu o mesmo. A boa notícia é que você carrega dons não apenas de uma vida a outra, mas também de uma linhagem a outra. Isso significa que será muito compreensivo se seus próprios filhos tiverem as mesmas habilidades que você.

Por serem uma parte divina de sua alma, sufocar seus dons pode causar estragos em seu sistema energético. É como tapar o nariz ou usar uma venda sobre os olhos. Você precisa usar essas partes do corpo para agir no mundo e, portanto, a adaptação sem elas é difícil. Ainda, Deus quer, de fato, que você faça uso de seus dons espirituais, de modo que haverá alguma reação caso não faça uso deles. Por exemplo, você pode ter dores de cabeça ou sentir uma ansiedade intensa e crônica. Pode notar que as condições do tempo oscilam entre extremos ou que sua eletricidade entra em curto-circuito. Pode também ter erupções cutâneas ou sentir dores no corpo que os médicos não conseguem explicar. Um aluno meu, chamado Jake, descobriu suas habilidades de cura pelas mãos durante um dos meus *workshops* de desintoxicação. E, embora as tivesse praticado depois, ele não manteve a prática por não ter imposto limites ao quanto os outros exigiam dele. Depois de alguns meses de atividade, Jake sentiu-se tão sobrecarregado com as consultas que parou com as curas. Ele também parou de falar sobre seu dom e pensou que poderia ignorá-lo, como fazia antes de começar a fazer uso dele em tempo integral. Interromper seu fluxo energético de forma tão abrupta não foi algo bom para o corpo de Jake.

Meses depois, Jake me ligou com dores tremendas, implorando por uma cura. Ele me disse que sentia como se tivesse sido "atropelado por um trem". Tinha só quarenta e poucos anos, mas me dava a impressão de ter os ossos frágeis de um idoso. Andava mancando. Eu conseguia perceber que seus músculos e suas articulações eram como gelatina. Pareciam moles, quase se desintegrando. Jake passou a noite conosco, mas subir os degraus doía tanto que ele desistiu no meio do caminho e dormiu em nossa escada! Ele contou que os médicos não sabiam o que era e não tinham soluções reais para seu sofrimento — os resultados de seus exames estavam normais. Na hora, eu soube que o motivo da dor de Jake era ele ter parado de usar seu dom de cura. Pedi-lhe que voltasse a dedicar-se a seu propósito e insisti que ele não começasse comigo realizando sua cura, mas com ele próprio fazendo uma cura em Mandy para desbloquear energia. Bom, sem brincadeira: depois de ter feito a cura, *toda* a dor de Jake desapareceu em minutos. Todas as dores no corpo dele eram energia estagnada! Não foi a primeira vez que vi isso, mas com certeza este foi um dos casos mais extremos.

UMA BREVE PALAVRA SOBRE OS DONS

Investigar seus dons não deve ser algo difícil nem forçado. Portanto, divirta-se com esse processo exploratório. Você está acessando uma *habilidade sobrenatural* que vai mudar sua vida! Fique entusiasmado! Bom, desenvolver seu dom dá trabalho, mas só até certo ponto. Você precisará cuidar de seu corpo energético, com limpezas regulares e dedicando-se ao autocuidado, para não ficar esgotado ou sobrecarregado pela energia tóxica dos outros. Também precisará praticar seu dom, mas sem se estressar com isso, como se estivesse cultivando um conjunto de habilidades totalmente novo. Não vai ser como aprender a tocar trombone no terceiro ano. Seu dom é *familiar* para sua alma, de modo que aprender a usá-lo parecerá natural e se tornará uma competência inconsciente, expressão da psicologia que se refere à situação em que alguém praticou tanto uma habilidade que ela se torna uma segunda natureza e pode ser executada com facilidade.

É HORA DE DESCOBRIR SEUS DONS!

Em minhas aulas, ajudo pessoalmente os alunos a determinar seus dons, mas ao usar este livro você está confiando em sua própria intuição para guiá-los, o que é francamente preferível, pois seguirá seus instintos e sua fé na orientação divina. Conhecer seu dom primário é uma percepção sagrada. Agradeça a Deus, a seu poder superior ou a seus anjos — e seja grato por ter recebido seu dom e seu propósito neste planeta, para esta vida e talvez para outras vidas futuras.

A seguir, descrevo seis habilidades que constituem sinais indicativos de dons espirituais. Reflita sobre como cada descrição faz você se sentir enquanto a lê e sinta-se à vontade para circular ou fazer uma marca nas qualidades que melhor o descrevem. Existem mais de seis dons no mundo? É claro! Os projetores, por exemplo, guardam energia para uma multidão de gente e transformam muito rapidamente pensamentos em coisas. Há também ativadores espirituais, como eu, que acionam as habilidades espirituais de uma pessoa como um interruptor de luz. Mesmo assim, de propósito não estou incluindo mais do que seis dons neste capítulo, uma vez que outros exigem mais embasamento espiritual do que aqueles que estamos construindo por meio da desintoxicação. Além disso, com frequência eles chegam aos clientes como dons secundários, mais avançados, e assim não há necessidade de abordá-los agora.

Se logo de início você se sentir atraído por múltiplas habilidades, medite sobre quais delas ressoam mais com você, utilizando o exercício que descrevo ao final deste capítulo. Deixe as demais em banho-maria, até que se sinta à vontade ao empregar seu dom primário e receba do universo sinais de que está pronto para seguir em frente. A maioria dos alunos pratica um dom por trinta a noventa dias antes de investigar outros.

Aqui estão os seis principais dons que mais vejo nos alunos. Todos exigem prática e rotinas para estabelecer limites espirituais, segurança energética e precisão. Ensino muita coisa sobre isso em *workshops*, mas também criei uma página de recursos em *AuthenticLiving.com*, para que você use como ponto de partida.

CANALIZADOR
Cerca de 25% de meus alunos são canalizadores. A canalização é um dom muito especial, que lhe permite comunicar-se com fontes divinas de energia, como guias espirituais, seres de luz, arcanjos e a energia de Deus, através de seu *chakra* coronário, localizado no alto da cabeça. Este poderoso *chakra* permite que você receba mensagens divinas e acesse níveis mais elevados de consciência.

Os canalizadores obtêm informações para o bem maior de todos. A qualidade de suas mensagens depende da vibração do canalizador e, acredite ou não, não tem nada a ver com a frequência da pessoa que está lendo.

Como todos os dons, quanto mais você praticar sua habilidade e quanto mais elevada for sua vibração, mais rápido canalizará, mais informações acessará e mais iluminadas serão suas mensagens. Você entregará apenas as mensagens que o consulente precisa receber naquele momento.

Diz-se que os canais trazem novas informações ao mundo para esclarecer as massas. Há rumores de que o físico alemão Albert Einstein e, antes dele, o filósofo grego Aristóteles tenham sido canalizadores. Aristóteles fez contribuições tão significativas para tantas áreas do conhecimento humano — como física, religião, astronomia, biologia, metafísica, onirologia [ciência que estuda sonhos], política, economia, lógica, ética, poesia, teatro, música e psicologia — que muitos professores espirituais afirmam que sua consciência deve ter sido extraída de uma fonte divina brilhante. Ele também escreveu extensivamente sobre o estado da alma de um ser vivo. Einstein era também um homem relativamente espiritual, interessado no cosmos e naquilo que fazia o universo funcionar. Hoje em dia, muitos acreditam que a maioria dos escritores é canalizadora, e que alguns escritores de ficção contam histórias que advêm do subconsciente, a partir do inconsciente coletivo do universo ou de uma vida passada ou paralela.

Quando dou um *workshop*, alguns dos meus ex-alunos gostam de me ajudar — mais ou menos como um assistente de ensino ou um braço direito, por assim dizer. Eles gostam de servir aos alunos e passar adiante o que aprenderam. Quando isso acontece, os dons dos alunos parecem se ativar de forma mais potente do que se eu estivesse ensinando sozinho — e o mesmo acontece com os dons dos formados, já que eles estão servindo a uma causa elevada, o que faz sua vibração ultrapassar tudo. Uma vez, minha ex-aluna Leslie, cujo dom primário é a canalização, de repente começou a falar em linguagem de luz no meio de uma palestra. Se você nunca ouviu falar disso, a linguagem de luz é a linguagem da alma. Pode parecer algo sem sentido, uma língua estrangeira (parecido com falar em línguas), ou até mesmo o som que os golfinhos produzem. Naquele dia, a linguagem de Leslie espelhava a dos golfinhos, que são conhecidos por serem animais altamente evoluídos. Há quem acredite que seus tons e sons mantêm o equilíbrio de energia do nosso mundo e amparam os humanos em suas jornadas. Só sei que foi legal. Depois de explorar essa linguagem, Leslie canalizou mensagens de um arcanjo oculto (um arcanjo que não é tão conhecido quanto os da Bíblia). Aqui, sua voz mudou novamente — era mais baixa, mais profunda e mais lenta do que o normal. *A turma achou incrível!*

Incentivo os canalizadores a alcançar a vibração mais elevada que puderem acessar. Os novatos adoram canalizar anjos e arcanjos, pois são seres de amor gentis e altamente evoluídos. Se você apresentar resistência às informações que canaliza, provavelmente sentirá uma ansiedade crônica ou uma "ressaca do canalizador", o que envolve confusão mental, dores de cabeça e baixa energia. Você deve ouvir e entregar as mensagens para sentir alívio e garantir que seus corpos físico, mental e energético se sintam equilibrados.

Você pode ser um canalizador se...
- gosta de passar algum tempo sozinho e percebe que a solidão recarrega suas baterias;
- anseia por chocolate, doces e álcool para relaxar;
- tem tanta energia em excesso que se sente ansioso ou precisa movimentar o corpo;
- tem sabedoria demais para a sua idade e sempre disse coisas profundas.

TRANSMUTADOR
Um transmutador limpa a energia para os outros. Só de se sentar ao lado de outra pessoa, talvez batendo um papo, o transmutador pode limpar a energia negativa dela. Pense nos transmutadores como purificadores de ar para a energia. Os transmutadores atraem pessoas negativas, porque as ajudam a se sentirem melhor; eles limpam e neutralizam sua energia de forma natural, como um filtro. O resultado é que uma pessoa sente um alívio incrível porque foi limpa dos sentimentos tóxicos, enquanto o transmutador se sente como um filtro cheio ou entupido, que precisa ser trocado. Posteriormente, os transmutadores devem sustentar sua energia elevada e realizar limpezas regulares para manter intactos sua saúde e seu humor. Os transmutadores podem limpar até mesmo a energia de uma cidade, um estado ou um planeta inteiro! Mandy é uma transmutadora incrível, e já houve casos de ter limpado a energia tóxica em um raio de quilômetros. Na última vez que fez isso, ela estava em Miami, e a energia da cidade lhe pareceu sombria e negativa. Ela foi intuitivamente atraída para postar-se na varanda de nosso apartamento alugado, erguer uma das mãos com a palma voltada para o mar e a outra com a palma voltada para a cidade. Ao fazer isso, ela transmutou *toda a energia tóxica da cidade* e a enviou para o oceano, para ser levada pela Mãe Terra. Depois, Mandy sentou-se para descansar e, enquanto todo o seu corpo tremia, ela chorou. Foi assim que ela limpou a energia de seu corpo.

Meu aluno Jonathan também é um transmutador. Quando nos conhecemos, ele estava acima do peso e parecia esgotado. Ele chorava muito.

Pude perceber por sua aparência, seu comportamento e sua energia que era um transmutador, já que estes são muito sensíveis, sentem-se facilmente sobrecarregados e tendem a ter sobrepeso como forma de proteção energética. Eles têm corações enormes e uma relação de amor/ódio com a humanidade — em outras palavras, sentem atração por ajudar as pessoas, mas também têm a sensação de que elas se aproveitam de sua energia. Os transmutadores são aqueles amigos que você procura quando precisa desabafar ou resolver um problema. Frequentemente, as mães são levadas a esse papel de "consertadoras" dos problemas da família. As pessoas que agradam os demais, as que têm dificuldade em dizer não e as que hesitam em estabelecer limites com amigos e familiares também se enquadram nesse grupo. Às vezes, os transmutadores são tão sensíveis que não podem assistir a filmes de terror ou reportagens brutais, porque absorvem as experiências negativas dos personagens e dos envolvidos.

Muitas vezes, os transmutadores confundem seu dom com uma falha de caráter e procuram terapia. Ao fazê-lo, podem aprender a criar limites melhores, mas nunca conseguem desligar seu generoso dom. Embora os transmutadores pareçam muito com os empáticos, os empáticos só sentem o que os outros fazem, enquanto os transmutadores realmente absorvem a energia dos outros e a limpam dos corpos energéticos deles para ajudá-los a encontrar o equilíbrio. Os transmutadores sentem e agem como se as emoções fossem deles — é um trabalho muito pesado.

Os transmutadores precisam passar mais tempo limpando e elevando sua energia do que a maioria das outras pessoas. Quando você está lidando com seu próprio estresse intenso, e mais o estresse dos outros, sua energia pode se tornar muito densa. Práticas de isolamento, autocuidado e limpeza são essenciais. Conectar-se a um poder superior ajuda a gerenciar a energia e também a receber combustível espiritual. E, se conseguir vibrar em uma frequência regular de amor, você transmutará melhor, mais rápido e não absorverá tanta coisa dos outros. Se não limpar sua energia pesada, você pode dar um cochilo ou fazer um lanche com alimentos e bebidas que aterram, como vinho, algum doce ou chocolate. Você pode até fazer isso da mesma maneira que a pessoa para quem está transmutando. Transmutar pode parecer um trabalho ingrato, às vezes, mas é um dom profundo, já que você está constantemente servindo ao corpo energético dos outros. E, ao contrário da canalização, ela nem sempre requer um esforço consciente.

Nunca vou esquecer um casal de noivos muito apaixonado, Laura e Gary, que me procurou. Enquanto eu conduzia os dois através de sua desintoxicação, ela se sentiu incrível — cheia de energia, muito aliviada e livre de estresse. Enquanto isso, Gary começou a passar muito mal. Ele espirrava, vomitava, tinha diarreia — ele estava se depurando através de todos os orifícios do corpo. Gary era claramente um transmutador, de modo que, à medida que sua noiva eliminava todos os seus bloqueios, ele os absorvia a ponto de seu corpo sobrecarregado ter de filtrá-los e expulsá-los! Quando os dois conseguiram se livrar dos bloqueios e de suas toxinas, Gary não precisou mais se preocupar tanto com a possibilidade de que isso voltasse a acontecer, porque a carga tóxica inicial de Laura já não existia. Só posso imaginar como será o casamento deles — e alguma possível gravidez! Quando Mandy estava grávida de Zion, ela não teve uma gravidez difícil — mas eu tive. Passei por uma gravidez simpática, que é quando o parceiro de uma mulher tem sintomas que imitam a gravidez. Passei por enjoos matinais, náuseas, ganho de peso e insônia. Cheguei a sentir pequenos chutes na barriga quando o bebê chutava Mandy! Tudo praticamente desapareceu depois do primeiro trimestre de Mandy, mas fiquei feliz por ter esse vínculo energético com minha esposa e eliminar para ela alguns dos sintomas menos agradáveis. E vejam: eu não estou sozinho. Há séculos os homens vêm transmutando para suas esposas grávidas! De fato, muitas culturas ritualizaram este comportamento. O povo cântabro, uma civilização pré-romana que viveu durante a segunda metade do primeiro milênio antes de Cristo, cultuava um costume em que o pai, durante ou logo depois do nascimento de seu filho, ia para a cama, queixando-se das dores de parto, e recebia tratamentos, em geral, reservados às mulheres durante e após o parto. E em Papua-Nova Guiné, os pais antigamente construíam cabanas fora das aldeias, onde sentiam e imitavam as dores do parto até que seu bebê nascesse.

Você pode ser um transmutador se...
- as pessoas adoram estar perto de você e dizem que se sentem melhor quando você está junto a elas;
- você é procurado para oferecer conselhos sábios, úteis e reconfortantes;
- você se sente esgotado depois de uma conversa, seja pessoalmente ou por telefone;
- você fica esgotado só de estar em ambientes agitados, como shoppings e cidades apinhadas;
- técnicas de autocuidado, limpeza e elevação de vibrações ajudam-no a recarregar as energias.

VIDENTE

Os videntes exploram as frequências energéticas (bolas de cristal e cartas de tarô são opcionais). Eles têm um "senso de conhecimento" inato que lhes proporciona uma intuição reflexiva sobre as pessoas e o mundo à sua volta. Os videntes recebem informações em sonhos e por meio de visões que se tornam realidade; eles têm uma consciência geral de como o passado e o presente vão resultar. Eles podem ajudar a resolver crimes, conduzir até a luz os espíritos presos, ver à distância e ajudar grandes empresários a melhorar seus instintos de trabalho.

Lembro-me de que alguns anos atrás tive uma sala de aula cheia de videntes. Normalmente, não costuma haver um dom superior que domine sobre os outros, mas naquele *workshop* Deus realmente mostrou sua preferência pelos videntes. A aula começou com vários alunos terminando as frases uns dos outros e compartilhando as visões que tiveram. Uma mulher sonhou com o rosto de uma aluna antes da primeira aula e a reconheceu de imediato. Outro vidente principiante conectou-se com o Reino Lemuriano, onde se diz que uma raça espiritual altamente evoluída exorta a unidade e a cura. Outros viram auras pela primeira vez, e alguns se comunicaram simultaneamente com um espírito chamado Travis, que aparentemente vive em nosso centro de retiro. A certa altura, um estudante viu uma águia — um símbolo de força, inspiração, orientação e majestade — sair voando da boca de Mandy e me viu transformando-me em um urso — nas tradições espirituais dos nativos americanos, um símbolo de ponderação, força, união familiar, coragem e determinação. A troca de energia naquele *workshop* estava pegando fogo!

Como vidente, é importante estabelecer limites com o mundo espiritual para que *você* esteja no controle das informações que fluem através de você e possa garantir que elas vêm de uma fonte divina de amor e luz e sejam para o bem maior de todos. Saiba, no entanto, que, quando as mensagens chegam, elas devem ser partilhadas, e quem o ouve deve agir prontamente.

Os médiuns também podem ter habilidades psíquicas, embora nem todos os videntes sejam médiuns. Os médiuns basicamente canalizam mensagens vindas do outro lado, inclusive de falecidos, os quais, junto aos guias espirituais de uma pessoa, podem informar sobre o futuro. Se um médium recebe através de seu terceiro olho as mensagens, ele está usando habilidades psíquicas e fornece informações mais "humanas", como o nascimento de uma criança ou um acidente de carro iminente. Se as mensagens vêm do eu superior deles, de anjos ou de Deus, no entanto, elas são canalizadas através do *chakra* coronário, que é o que faz você receber pensamentos e orientações positivos e de nível superior.

Você pode ser um vidente se...
- muitas vezes, experimenta *déjà-vus*;
- sabe das coisas sem que ninguém lhe diga;
- quando toca em pessoas ou objetos, recebe informações sobre eles;
- vê ou sente espíritos e outros seres e/ou pressente diferentes reinos de conhecimento sagrado;
- seus sonhos se tornam realidade quando está acordado.

SONHE UM PEQUENO SONHO PARA MIM[1]

Quando você se abre para seus dons espirituais, os sonhos tornam-se mais do que uma experiência passageira que ocorre enquanto você dorme. Eles tendem a carregar um significado profundo, uma vez que agora você está vibrando em uma frequência mais elevada. Sugiro manter caderno e caneta em sua mesinha de cabeceira para anotar seus sonhos e revisitá-los pela manhã. Quando analisar os sonhos, não há problema se não fizerem sentido no início. Muitas vezes, você está processando ou canalizando energia durante o sonho, e seu significado não pretende ser tão literal quanto você gostaria. Anote as narrativas, de qualquer modo. Com o tempo, garanto que elas se juntarão para desvendar um ou mais momentos de revelação.

Os sonhos podem revelar muito sobre sua vida e sobre aqueles que nela estão. Ao sonhar, tente perceber padrões e sincronicidades que ocorrem quando você está acordado. Se perceber animais, símbolos ou objetos recorrentes, poderá procurá-los em um dicionário de sonhos, consultar algum recurso *on-line* ou encontrar um significado por meio de sua própria interpretação. Deus personaliza os sinais em meus sonhos. Eles correspondem a símbolos que recebo quando estou acordado, de modo que todos os sinais me guiam em conjunto. É importante entender de que modo sua mente, sua alma e seu eu superior utilizam os

---

1. No original, "Dream a Little Dream for Me". O autor fez alusão a uma canção antiga, que ficou famosa sendo interpretada por Ella Fitzgerald. (N.E.)

sonhos como parte de sua jornada nesta vida. Nunca conheci alguém que houvesse realizado seus dons e depois disso não tivesse sonhos carregados com um significado mais profundo — tais sonhos podem apenas se apresentar de diferentes formas, dependendo da maneira que sua alma prefere receber as informações espirituais.

Você também pode sonhar consigo mesmo em outras linhas do tempo, universos e realidades alternativas. Já me foi mostrado que há mais de um universo no cosmos, e todos os universos são ligeiramente diferentes. Dentro desses universos, existem mundos paralelos — e versões alternativas de nós. Assim, durante os sonhos, acredito que você possa viajar no âmbito astral para esses universos ou até mesmo para diferentes locais dentro de seu universo atual. Com frequência, sonho comigo mesmo como cirurgião, de modo que acredito que essa é a minha vida em outra linha do tempo.

Para realizar viagens astrais, deve-se massagear o terceiro olho e o *chakra* coronário ao mesmo tempo, por cerca de um minuto. Faça isso antes de dormir ou, melhor ainda, antes de uma soneca, para não cair em um sono muito profundo e para continuar ciente de onde sua alma está, com relação a seu corpo (para mais informações sobre como fazer viagens astrais com segurança, acesse *AuthenticLiving.com*). Depois da primeira cura que fiz na mãe de Mandy, sua alma astral viajou durante a noite até o nosso quarto! Mandy viu sua consciência em pé ao meu lado, sorrindo. A mãe de Mandy não se lembrava de ter feito isso, portanto, não foi algo deliberado, mas Mandy se lembra de ter estendido a mão para tocá-la, pois esta parecia tão real que minha esposa achou que sua mãe estivesse tendo um episódio de sonambulismo! A mão de Mandy passou por ela como se fosse um holograma.

Por fim, você pode ter sonhos lúcidos. Estes parecem um pouco com uma viagem astral, mas são sonhos nos quais sua mente está ciente de estar sonhando. Você pode ter a impressão de que sua alma está pairando acima do sonho, parecendo assistir a ele e/ou comentando como se o sonho fosse um filme. É possível que você tenha tido um sonho lúcido durante um pesadelo, em que sua mente entrou em ação e forçou você a acordar.

Se você é um transmutador, pode sonhar com a vida de outra pessoa — o que o levará a limpar de forma inconsciente a energia desta, mesmo que você esteja dormindo. Cerca de dez anos atrás, Mandy e eu ficamos em um Airbnb em Dallas enquanto dávamos um *workshop*. À noite, ela sonhou que estávamos discutindo assuntos que não faziam sentido para nós — e, por fim, descobrimos que ela estava transmutando a energia da dona do apartamento que alugávamos! Ela e o companheiro discutiam sem parar, e a mulher tinha muitos traumas de infância. Ao sonhar, Mandy sentiu isso e limpou tudo. O episódio ocorreu antes que Mandy compreendesse como estabelecer limites em torno de seu dom, e assim ela sentiu as experiências da mulher em um nível profundo e doloroso. Felizmente, Mandy soube como fazer a limpeza e retornar a um estado basal feliz e pacífico.

Os sonhos ocupam uma boa parte de nossa vida, então considere-os como um momento adequado para curar, contar com seus dons, fazer viagens da alma e aprender. Sou proativo sobre o modo de usar meu período de sono e sugiro que você também seja. Antes de dormir, estabeleço uma intenção ampla ("Deus, por favor, revele o que existe no bem maior para que eu aprenda!") ou específica ("Eu gostaria de aprender e sentir o perdão para o bem maior de todos. Assim seja!") sobre o que eu gostaria de experimentar. Gosto de usar minhas oito horas para processar, comunicar-me e trabalhar com Deus e meu eu superior. Adoro quando recebo informações durante o sono, quando compreendo lições de uma vida paralela e quando recebo mensagens de meu eu superior sobre aquilo que devo melhorar nesta vida, para poder manifestar ou ir atrás de meus objetivos depois de despertar.

Gosto também quando Deus me ajuda a aprender lições em sonhos, para que eu não tenha que fazê-lo em minha vida desperta. Sonhos recorrentes muitas vezes também servem a esse propósito; pode ser muito doloroso enfrentar repetidas vezes uma lição enquanto você está acordado, e seus guias podem pedir que você atente para ela enquanto está dormindo. Foi o que aconteceu com minha amiga Marie, que, depois do divórcio, tinha um sonho recorrente de estar na companhia de seu ex-marido antes da separação. Nos sonhos, ele sempre se mostrava indiferente, e ela, mais carente do que o normal. O sonho só parou quando Marie estabeleceu a intenção de que esse sonho terminasse e passou a cortar mentalmente os cordões antes de dormir. Ela se deu conta de que seus anjos estavam lhe mostrando que ela jamais conseguiria aquilo o que desejava de seu ex-marido em termos emocionais. Foi uma tremenda lição para Marie sobre a importância de desapegar e de cortar contratos de alma. Os sonhos podem atuar como um *feedback* divino que contribui para o crescimento espiritual. Eles acontecem por alguma razão.

AGENTES DE CURA PELAS MÃOS

Os agentes de cura pelas mãos têm uma energia natural, poderosa e inspiradora que pode desfazer bloqueios energéticos, além de doenças emocionais e físicas, por meio do toque ou de forma remota (por telefone ou à distância). Alguns agentes de cura podem até infundir sua energia em água para ser ingerida ou em algodão para ser usado preso ao corpo com fita adesiva, com finalidades curativas. Os agentes de cura instintivamente sabem onde uma pessoa precisa de cura, seja por meio de uma varredura corporal semelhante à que ensinei no Capítulo 4, seja por meio de imagens mentais ou simbólicas aos olhos da mente ou por sensações em seus próprios corpos que espelham os problemas dos clientes. Muitos massagistas e terapeutas corporais têm esse dom sem estarem conscientes disso. Acredito que qualquer pessoa pode curar, em diferentes graus, se dominar certas técnicas.

Uma vez ativada a energia de um curandeiro, todo o seu corpo — particularmente suas mãos — carrega uma energia que realiza milagres. As mãos de um agente de cura ficam quentes, formigam, parecem magnéticas, sentem alfinetadas e/ou latejam. Ativei o dom de uma veterinária do Colorado que curava seus pacientes por meio do toque. Ela diagnosticava os problemas deles por instinto, fazia testes conforme necessário e depois os curava. Ela nunca falava sobre isso com os proprietários dos animais. Os agentes de cura que escolhem trabalhar com animais são raros e superfascinantes. Falam com eles verbal e telepaticamente e, assim como muitos curandeiros que trabalham com humanos, usam as mãos e a intuição para encontrar os problemas. Ao fazer isso, os agentes de cura de animais sabem o que seus "clientes" pensam e sentem em um nível muito profundo. A maioria dos agentes de cura de animais brilha quando se trata de resolver doenças misteriosas e problemas comportamentais. Podem até ajudar um animal de estimação a encerrar seu luto pela morte de outro animal da casa.

Descobri que os agentes de cura pelas mãos tendem a saber muito sobre o corpo e sobre o mundo médico, pois têm seu próprio histórico de problemas de saúde; isso lhes dá um contexto anedótico ao trabalhar com o corpo de um cliente. Minha aluna Faith é um exemplo perfeito disso. Antes de desintoxicar sua energia, Faith enfrentou vários problemas de saúde que ela sentia advirem de traumas aprisionados e emoções negativas. No total, ela sofreu quatro derrames, dezesseis cirurgias na coluna e uma lesão cerebral — que a deixaram por dez anos acamada, com dores crônicas. Ao participar de um *workshop* online, porém, Faith ouviu uma voz em sua cabeça que lhe disse para movimentar a energia na coluna de sua filha para ajudar com a dor — e, quando Faith fez isso, a dor da filha desapareceu! Isso nos dizia que Faith era claramente uma agente de cura pelas mãos. Na manhã seguinte, fiz uma cura e uma ativação mais profunda em Faith, e 90% de sua dor desapareceu! A partir daí, Faith eliminou centenas de bloqueios e curou clientes de doenças mentais, câncer, insuficiência renal e afins. Ela é muito boa em intuir os males dos clientes e realizar uma espécie de "cirurgia psíquica" com as mãos, por conta de seu histórico e seu conhecimento sobre as disfunções corporal.

Os agentes de cura devem ter cuidado com a forma como protegem e canalizam sua energia. Se realizarem a cura a partir de sua energia humana, eles ficarão esgotados. Mas, se a receberem de um poder superior, a energia de cura corre através do *chakra* coronário para suas mãos, e sempre irão se sentir fortalecidos. O uso da geometria sagrada também pode ser uma ferramenta poderosa (digamos, imaginando os clientes dentro de uma pirâmide ou de um diamante). Desse modo, os clientes recebem uma dose dupla de cura: a partir da canalização de energia e a partir do símbolo. Por fim, é essencial proteger a si mesmo como agente de cura, pois você está trabalhando com a energia de outra pessoa e não deve absorver sua dor nem suas emoções.

Você pode ser um agente de cura pelas mãos se...
- Sente a doença de outras pessoas quando as toca ou está perto delas.
- Suas mãos ardem, formigam, pulsam, e qualquer diagnóstico clínico tenha sido descartado.
- É intuitivo quando se trata de saber a causa de problemas de saúde ou de como curá-los.
- Experiências passadas o conectaram à área médica — como paciente, cuidador, filho de médicos ou enfermeiros, editor ou escritor da área da saúde etc.
- Você tem grande amor, compaixão e empatia por aqueles que sofrem.

LEITOR DE REGISTROS AKÁSHICOS

Os Registros Akáshicos são uma "biblioteca de informações" psíquicas que inclui tudo o que já aconteceu no universo — vida, morte, tragédias naturais, o que você quiser. Pense neles como um grande número de impressões energéticas, um campo vibracional vivo que armazena todos os futuros possíveis, o presente e o passado. Conforme sua alma começa sua experiência de vida, é liberado um campo de energia que registra nessa biblioteca cada pensamento, palavra, ação, desejo e emoção. Eles contêm informações sobre o propósito de sua alma, as famílias de almas, todas as suas encarnações, dívidas cármicas e laços com esta vida, contratos de alma, curas médicas, informações sobre almas gêmeas, lições de vida — em outras palavras, as mais elevadas informações vibracionais que existem no universo. É como um Google energético.

Os Registros Akáshicos são guardados por um Guardião dos Registros e por guias espirituais, e aqueles que têm acesso aos registros canalizam essas informações diretamente ou se comunicam com seu eu superior ou com um Guardião de Registros durante uma sessão. Embora os registros armazenem grandes quantidades de informações, o que você recebe é o que necessita naquele momento, não o que quer ouvir.

Aqueles que ganham acesso aos Registros Akáshicos são pensadores profundos, dotados de mentes curiosas e analíticas. São aqueles seus amigos que sempre têm respostas para os problemas e buscam o tempo todo aprofundar seus conhecimentos, pesquisar temas difíceis e descobrir as respostas para as grandes perguntas da vida. Os leitores dão orientação a outras pessoas, fazem perguntas de forma apropriada e lidam com as informações à medida que elas chegam. Ler os Registros Akáshicos é, muitas vezes, um dom secundário para videntes e canalizadores. Como tais registros contêm todos os pensamentos, emoções e experiências que já aconteceram com todas as almas que já existiram, através do espaço e do tempo, isso deve guiar toda a sua jornada na Terra. Não necessariamente você recorre a eles para questões triviais, como abrir um negócio, descobrir seu caminho para a riqueza ou encontrar uma nova casa. As informações aqui são muito mais elevadas e exploram lições de vida, missões da alma e questões de vidas passadas/dívidas cármicas que influenciam em sua jornada agora.

Também notei que as pessoas com acesso aos Registros Akáshicos têm corações puros. Isso é necessário para equilibrar amor e luz quando você está lendo os registros, para que você possa se manter em contato com o que está acontecendo neste mundo e entender como isto se relaciona com uma mensagem maior e universal. Quando minha aluna Jamie ativou seu dom akáshico, teve um vislumbre de um espaço fora desta galáxia. Ela viu várias formas diante de si e foi levada a uma mesa com tabuletas antigas e geometria sagrada, para que pudesse compreender o mundo akáshico visualmente. Foi uma bela confirmação, mas também foi algo avassalador. É um conhecimento intenso, e você deve ter uma certa reverência por tópicos sagrados quanto à vida, à morte, aos dons, às catástrofes, aos terremotos e às lições da alma.

Minha cliente Tiffanie faz um uso muito especial de suas leituras akáshicas. Mesmo antes de nos conhecermos, ela sempre se sentiu profundamente conectada à Mãe Natureza e, especificamente, à Terra. No entanto, nunca teve um contexto para essa sensação e queria saber mais sobre seus dons, as informações que canalizava de forma inata, e por que era tão atraída pelo solo. Crescendo no deserto de Mojave, na Califórnia, ela frequentemente recolhia pedras e passava horas estudando a terra. Também se sentia atraída pelo sal — e sua relação com o oceano, o alimento e a energia. Depois de fazer um dos meus *workshops*, Tiffanie descobriu que era uma leitora dos registros akáshicos — e queria combinar as informações que canalizava com seu amor pelos sais. Ela começou a obter e misturar sais de todo o mundo, com base nas informações akáshicas que ouvia e nas diferentes propriedades químicas dos sais que utilizava. Seus clientes banham-se com os sais, os cheiram, ingerem, bebem — tudo dependendo da mensagem akáshica que ela recebe para o bem maior. Tiffanie até mantém uma tigela de sais em sua mesa para uso próprio, de modo a poder descansar os dedos neles quando se sente estressada. Apenas ter essa tigela a seu lado já é muito relaxante. Tiffanie também criou um conjunto de sais dos *chakra* e sprays de intuição para a Authentic Living, que esgotou imediatamente. Alguma surpresa?

O processo de Tiffanie é fascinante. Ela primeiro se neutraliza e se conecta com a energia da outra pessoa para receber detalhes sobre esta. Dirigindo seu pedido a Gaia, a deusa grega da Terra e mãe de toda a vida, Tiffanie estabelece a intenção: "Por favor, dê a essa pessoa o que ela precisa para se sentir melhor". Ela sente as necessidades da pessoa — desde preocupações emocionais até preocupações com a saúde — e sente quais ingredientes lhe trarão mais conforto. Tiffanie mantém um estoque completo de materiais à mão. Sua primeira cliente foi uma colega de *workshop* que não revelou o que a estava perturbando, mas Tiffanie conseguia sentir a dor da mulher em seu próprio peito e sabia que a colega precisava de um alívio para essa tristeza. Voltando a seu quarto no hotel, Tiffanie encheu um frasco de vidro com sal de rosa do Himalaia, óleos essenciais, cristais de magnésio e outros ingredientes sugeridos pela intuição. Ela entregou a mistura para a colega e pediu que ela se banhasse com eles. No dia seguinte, a mulher disse a Tiffanie que, na banheira, ela começou a chorar. Foi um momento catártico de cura, que levou a uma liberação incrível.

Talvez você seja um leitor de registros akáshicos se...
- tem uma tendência a "apenas saber" das coisas;
- já lhe disseram que tem um grande coração e uma mente "ocupada" ou reflexiva;
- tem uma mente superanalítica;
- as pessoas já chamaram você de "sabe-tudo";
- adora aprender;
- você é muito bom em jogar *Trivial Pursuit*![2]

CONDIÇÕES DO TEMPO E ELETRÔNICOS

Um último e raro dom — e francamente impressionante — que encontrei em 5% de meus clientes é a capacidade de afetar as condições do tempo e os aparelhos eletrônicos. No início, isso pode acontecer sem querer, mas, com a prática, aqueles que têm esse raro dom podem controlar o tempo ou os eletrônicos deliberadamente e segundo sua vontade. Por exemplo, se estão ouvindo música de baixa vibração junto com 10 milhões de outras pessoas ao mesmo tempo, eles podem enviar energia amorosa através do rádio e isso afetará toda aquela gente. Muitas pessoas ficam deprimidas nos dias em que o sol não está brilhando, de modo que, quando alguém pode manipular as condições climáticas, isso pode afetar muitas pessoas. Acredito que seja um dom telepático ligado à força emocional.

Durante um *workshop* recente, eu estava ajudando os alunos com seus dons, categoria por categoria, e o processo estava demorando mais tempo do que o normal. Eu costumo deixar as condições do tempo e os eletrônicos para o fim da sessão de revelação de dons, pois há poucos alunos com essa habilidade. Depois de uma hora, notei que o grupo com tais dons estava ficando muito mal-humorado. Por instinto, olhei para fora e notei que um dia perfeitamente ensolarado estava dando lugar a uma tempestade, e já se ouviam os trovões. Os gurus do tempo

---

2. Famoso jogo de tabuleiro que testa os conhecimentos gerais dos participantes. (N.E.)

estavam irritados! Quando comentei isso, eles riram do fato de estarem se sentindo inquietos e ansiosos — e expliquei que os sentimentos deles estavam controlando o tempo lá fora. Quando enfim trabalhei com esse grupo, sem brincadeira, o sol voltou a brilhar e o céu azul permaneceu pacífico e calmo até o entardecer. Toda a classe testemunhou isso e ficou chocada com a rapidez com que o tempo havia oscilado de um extremo a outro.

Pessoas que conseguem controlar equipamentos eletrônicos são ainda mais raras do que o pessoal das condições climáticas — elas constituem cerca de 2% dos meus alunos. Minha família, como um todo, pode fazer isso às vezes, mas nenhum de nós tem a capacidade de fazer isso sozinho ou por vontade própria. Quando passamos por uma grande mudança de vida ou de energia, como mudar de casa, perdoar um ente querido ou dedicar-nos mais a fundo a nosso propósito de trabalho, todos os eletrônicos importantes de nossa casa dão problema. A luz de manutenção acende nos carros, os relógios deixam de funcionar, o *wi-fi* perde o sinal.

Você pode ser capaz de controlar as condições climáticas e os eletrônicos se...

- percebe que o tempo fica ruim quando você está chateado e ensolarado quando está feliz;
- aparelhos eletrônicos piscam e desligam na sua presença;
- toda a sua parafernália de tecnologia dá problemas quando você está passando por uma mudança emocional ou espiritual;
- as coisas parecem "falhar" em sua presença.

IDENTIFIQUE SEU DOM PRIMÁRIO

Você ressoa com mais de um dom e necessita de ajuda para saber em qual se concentrar primeiro? Tente este exercício. Encontre um local tranquilo e respire profunda e lentamente cinco vezes. Estabeleça uma intenção como "Deus, eu estabeleço a intenção de escolher um dom primário que sirva ao bem maior de todos". Imagine um feixe de luz branca descendo dos céus e penetrando em seu corpo. Esfregue as mãos por quinze segundos para criar energia térmica e, em seguida, escreva todos os seus dons, cada um em um pedaço de papel. Faça bolas com os papéis. Em seguida, mova as mãos sobre todas as bolas de papel e atente para qualquer uma que lhe pareça quente, magnética, que provoque um formigamento, ou pela qual você se sinta atraído. Assegure-se de que suas mãos ajam antes de seus pensamentos. Algumas escolhas lhe parecerão mais intensas que outras. Depois de escolher sua bola de papel, abra-a para revelar seu dom primário. Não duvide do processo nem o refaça. Tenha a confiança de que suas mãos tiveram uma orientação divina até esse papel. Repita essa prática quando for o momento certo para escolher um segundo e um terceiro dons.

JUNTANDO TUDO

Agora que já sabe qual é o seu dom primário, como você se sente? Está ansioso para começar a trabalhar com ele? Lembre-se: as primeiras vezes que o usar depois de uma desintoxicação, pode ser que se sinta um pouco desconfortável. Talvez fique preocupado, perguntando-se se as pessoas vão achar que é só algo de sua imaginação ou se seu dom não é naturalmente tão desenvolvido quanto o de outros intuitivos que conhece. Pode parecer tentador fugir de seu dom ou inconscientemente se bloquear para não voltar a usá-lo. Mas, por favor, não faça isso; tenha a confiança de que é digno de seu dom e capaz de utilizá-lo em todo seu potencial. Você deve se sentir abençoado, pois agora sabe qual a obra que Deus lhe destinou. Seu dom é parte de sua alma.

É minha esperança que você, por fim, se sinta aliviado, em paz e reconhecido. Sua desintoxicação levou-o a descobrir seus dons, que podem ser usados para a criação conjunta de uma nova realidade. Nunca é tarde para explorar e usar seu dom para o bem maior, e no próximo e último capítulo você saberá como assumir essa intenção, de maneira a poder servir à humanidade de modo gratificante e significativo.

MAIS RECURSOS E *DOWNLOADS* GRATUITOS

Montei uma série de vídeos gratuitos com cinco partes, denominada "Descubra e desbloqueie seus cinco dons espirituais agora". Esses vídeos fornecem uma exploração mais profunda dos dons espirituais, abordando o que são, como funcionam e como podem ajudá-lo a alcançar seus objetivos, imediatamente. Baixe-os (em inglês) gratuitamente em: *www.SpiritualActivator.com/5gifts*.

DIAS 13 A 15: PRATIQUE SUAS HABILIDADES E SEU PROPÓSITO DE TRABALHO

Você conseguiu! Chegou ao pote de ouro ao final de seu arco-íris! A desintoxicação limpou seus bloqueios mais intensos e permitiu que sua energia fluísse, ininterrupta, em sua forma mais potente — da maneira que o universo sempre quis que você a experimentasse. Você também descobriu seu dom extraordinário. E é hora de praticar sua habilidade primária, integrá-la ao seu propósito de trabalho e usar seus poderes sobrenaturais para servir ao mundo como só você pode servir.

Não é algo a *comemorar*?

Tudo o que você fez até agora o ajudou a liberar seus bloqueios mais sombrios, afastar as frequências negativas e aumentar sua energia. Isso permite que você experimente a alegria, a leveza e a facilidade que vêm com a energia elevada, além de um coração e uma mente positivos. E, quando você utiliza seu dom e o adapta ao seu propósito de trabalho, sua produção energética torna-se ainda mais potente. Uma das coisas incríveis quanto ao propósito de trabalho é que ele lhe dá a responsabilidade de manter uma frequência sempre elevada, que não apenas alimenta seu dom, mas destranca novos aspectos dele. Outro ponto importante do propósito de trabalho é que ele não é um trabalho de fim de semana ou um *hobby* a que você se dedica uma vez por mês para sentir-se bem consigo mesmo. Ele deve ser o principal impulso em sua trajetória de vida, a razão pela qual você nasceu e aquilo que deve fazer durante esta vida. Deus quer que seu dom primário o ocupe de uma boa maneira, e, quando ele dominar seus pensamentos e emoções, você verá sua vibração alcançar seu auge. Toda essa iluminação fará você se sentir como se caminhasse no ar.

Conforme você navega pela vida em alta frequência, servindo aos outros ao longo do caminho, seu mundo vai mudar. No início, essa mudança pode parecer surpreendente, mas será toda para o bem maior. Agradeça ao universo por ajudar a fazer desaparecer qualquer relacionamento desestimulante. Oportunidades que derrubaram você, projetos que não inspiraram e outros cenários exaustivos que não combinam mais com sua vibração irão desaparecer ou se apresentar para que *você* os supere. Gatilhos e testes virão à tona para que você também lide com eles. (Achou que Deus faria *todo* o trabalho? Você vive em um planeta onde existe o livre-arbítrio, e onde você deve fazer sua parte.) Quando você faz uma desintoxicação do organismo com sucos, esse processo pode causar erupções cutâneas e coriza, que parecem ser efeitos colaterais negativos, mas que são, na verdade, sinais de que seu corpo está eliminando as toxinas de que não necessita. Os últimos dias de sua desintoxicação energética são parecidos. Você está se acostumando a viver em uma frequência elevada, repleto de clareza e paz. Distanciar-se e curar-se de pessoas, situações e ambientes que não fortalecem seu alinhamento podem fazer com que você se sinta desconfortável no início, mas é tudo parte do processo.

Fique atento para a ocorrência de padrões, sincronicidades e sinais que indicam as crenças limitantes que o universo deseja que você elimine durante os dias finais da desintoxicação. No dia 13 deste processo, minha cliente Belinda viu-se em duas situações em sequência que despertaram suas inseguranças e exigiram que ela fizesse valer seu poder, com confiança e segurança. Haja sinal! O primeiro caso aconteceu em seu consultório médico, quando uma enfermeira questionou a veracidade de sua complicada doença autoimune. E, no dia seguinte, uma amiga próxima também insinuou que os sintomas dela eram coisa de sua mente, pois eram muito incomuns. No início, Belinda achou que o tremendo peso de tanto julgamento iria estraçalhar seu coração, mas depois percebeu que aquele padrão que se repetia era o universo pedindo que ela expressasse sua verdade em vez de reprimir seus sentimentos. No dia 14, Belinda mandou um e-mail para a enfermeira e para a amiga, explicando a validade clínica de seu problema de saúde — e, mais importante, afirmando que ela não precisava justificar sua condição a ninguém além dos médicos que a tratavam. Sendo um canalizadora inata, as palavras de Belinda fluíram livremente de sua alma para a página. Quando Belinda me contou a história, nós dois sentimos a mudança energética no campo dela, por sua autoconfiança recém-descoberta. Ela havia eliminado um princípio de bloqueio que elevou sua vibração e fortaleceu sua autoestima, seu dom espiritual *e* seu campo áurico.

Limpar seu corpo energético, elevar sua frequência e usar seu dom principal para o bem maior agora são ações centrais para a vida diária — o que significa também (bônus!) que a manifestação de seus desejos se tornará mais rápida e mais simples. Tudo o que estiver disponível na frequência que você alcançou é seu por direito. Relacionamentos que satisfazem a alma, trabalhos excelentes, projetos de paixão, tudo. A orientação do universo está, de fato, em ação agora, uma vez que você está trabalhando com a energia que vem dele e com seu próprio fluxo natural. Neste capítulo, explicarei o que significa praticar seu dom e ir em busca de um propósito de trabalho, sugerirei maneiras e saídas para fazer isso e mostrarei a importância de desfrutar do processo de crescimento de modo a sentir-se entusiasmado com a vida que está criando em conjunto com Deus.

LIDERE COM AMOR

Já falei muito sobre a importância vibracional do amor, mas quero reiterar a importância de se trabalhar a partir do *chakra* cardíaco durante sua prática e ao partilhar seus dons. Servir ao próximo a partir de uma frequência amorosa é prioridade absoluta, não só por beneficiar os destinatários, mas também porque dessa maneira seus dons se desenvolvem e funcionam mais rápido. Além disso, você não se sentirá tão cansado e esgotado quando estiver atendendo aos outros. Operar a partir do generoso *chakra* cardíaco vai alcançar mais pessoas sem sequer estabelecer essa intenção. O melhor de tudo: ao viver sua vida com o coração aberto, você impulsiona uma energia coletiva que serve a todos os planetas em todas as galáxias.

QUANDO PRATICAR SEU DOM E COMEÇAR A SERVIR AO PRÓXIMO

Uma vez que as rotinas matutinas, noturnas e improvisadas à tarde sejam uma segunda natureza para você, continue a praticá-las até o dia 15. E, depois que a desintoxicação terminar, mantenha o ritual pelo tempo que se sentir chamado a fazê-lo. Você está vibrando em um plano elevado, de modo que pode confiar em seus instintos para lhe dizer se deve continuar com a rotina completa, abreviá-la, pular dias ou ajustá-la de qualquer outro modo para maximizar seus efeitos. É recomendável manter alguma versão desse ritual para estar todos os dias em um estado mental pacífico, centrado e no controle. Essas práticas mudam sua identidade; elas são quem você é. Faça o que for necessário para manter essa frequência mágica. A vida flui com facilidade quando você o faz.

Posicionei esses últimos três dias a fim de prepará-lo para um estilo de vida a longo prazo e de vibração elevada que está repleto de amor, momentos místicos, boa saúde, crescimento da alma, abundância e paz interior. Embora o dia 15 marque o fim do programa, ele dá início a uma existência renovada e recarregada. Quando emoções positivas motivam e se movem através de você, seu corpo, sua mente e sua alma são energizados para servir à humanidade de uma forma fácil e inspirada. E, para alcançar essa finalidade incrível, eis aqui como você pode esperar que transcorram os últimos três dias deste processo.

No dia 13, por favor, pegue seu diário para um divertido exercício de escrita livre, que vai ajudá-lo a direcionar melhor seus objetivos energéticos; em seguida, vamos colocá-los em uma tabela simples, para referência. Por enquanto, gostaria que você pensasse em cenários que provocam o tipo de alta frequência que você espera experimentar regularmente — e o tipo de baixa energia que deseja evitar a todo custo. Em minha experiência, boa parte desse exercício de escrita ocorrerá por canalização, mesmo que esta não constitua seu dom primário. Uma vez que você se conecta a seus dons, as respostas celestiais tendem a fluir livremente de você, quer esteja fazendo um diário, aconselhando um amigo, conversando com sua mãe ou seu pai ou exercendo um dom.

Em um parágrafo, analise como sua vida parecia antes de começar este programa de desintoxicação. Como se sentia ao acordar? Quais atividades realizava? Com quem passava mais tempo? Como essa pessoa o fazia sentir-se? Como era seu ambiente? Quais eram seus hábitos? Como era sua comunidade? Como você se sentia à noite, antes de dormir? Já havia experimentado eventos místicos — e sabia como interpretá-los? A vida, ao menos, fazia sentido? A seguir, em um segundo parágrafo, responda às mesmas perguntas, mas escreva sobre como gostaria que fosse seu futuro, agora que pode usar seu dom tendo em mente um propósito de trabalho.

Depois de ponderar sobre os fatores que colocam você para baixo e os fatores que o colocam para cima, gostaria que você criasse uma lista energética consciente — uma lista dos pontos problemáticos que fazem despencar sua energia e outra dos pontos que elevam sua frequência.

Para isso, você vai criar duas colunas em uma página de seu diário. Em uma coluna, vai escrever todos os fatores que o colocam para baixo, e na outra vai colocar tudo o que o põe para cima. Isso deve vir com facilidade, depois do exercício de escrita. Tendo feito as listas, compare os dois conjuntos de prioridades. Observe o quanto você cresceu em apenas treze dias!

Para criar essas listas, pode ser útil pensar em cenários específicos e, em seguida, citar as palavras que se aplicam a como você se sente, sobre o que pensa, as pessoas envolvidas, as ações que você executa e o ambiente em que está quando enfrenta essa situação. Por exemplo, ao criar a lista "coloca você para baixo", você pode pensar em como se comparar com os outros deixa você triste. O resto das informações da tabela fica mais fácil de imaginar e preencher com esse exemplo em mente. Criei os dois exemplos simples a seguir. Os seus serão mais extensos do que estes que apresento, mas é um bom ponto de partida para lhe dar uma ideia de como suas listas ficarão. Entendeu? Ótimo!

COLOCA VOCÊ PARA BAIXO

Emoções
Triste, derrotado, zangado, sobrecarregado, rejeitado, inseguro, azarado

Pensamentos
Inadequado, desamparado, vontade de desistir, necessidade de fugir

Pessoas
Influenciadores espirituais e celebridades, pai, chefe e colegas, ex-cônjuge

Ações
Navegação por redes sociais, afastamento, muitas faltas por doença, retrair-se, vontade de agradar os outros

Ambiente
Online, grupos de brincadeiras para mães, escritório, casa do ex

COLOCA VOCÊ PARA CIMA

Emoções

Divertido, bobo, aliviado, revigorado, explicativo, confiante, empoderado

Pensamentos

Amor, saúde, ousadia, aventureiro, estiloso, independente

Pessoas

Filhos, amigos, família, novos amigos, eu, novo parceiro

Ações

Yoga, longas caminhadas, viagens, compras

Ambiente

Natureza, praia, Caribe, casa redecorada

Que diferença entre essas duas listas! Embora você se esforce para encher sua vida com todos os fatores que o põem para cima, saiba que Deus nunca quis que a vida — ou você — fosse perfeita. Se o seu humor ou sua rotina ocasionalmente mergulhar na primeira lista, não fique aflito. Renove sua vibração com alguns exercícios de limpeza e de elevação de frequência e siga em frente. Esta tabela servirá como um lembrete presciente de como viver uma vida de alta vibração enquanto você serve aos outros.

Passando para o dia 14, temos uma dobradinha. Depois de sua rotina matinal, estabeleça uma intenção que anuncie a Deus que você está pronto para praticar seu dom e explorar seu propósito de trabalho. Feche os olhos, respire fundo e diga algo como "Estou pronto para assumir meu dom e meu propósito de trabalho. Mostre-me o caminho mais claro e eficiente para os dois!". É importante declarar sua intenção com paixão, determinação, e sentindo de fato as palavras que saem de sua boca. Para maior ênfase emocional, você pode dizer em voz alta sua intenção. Pode também se gravar em seu celular dizendo isso e ouvir a gravação para incentivar-se. Muitos clientes escrevem suas intenções em um diário, fazem um desenho ao redor e guardam o diário em uma caixa especial. O que importa é que a intenção encha seu coração, se expanda para o mundo e faça com que você se sinta empoderado. Seu poder superior está do seu lado; ele sabe que você é bom e que está pronto para agir segundo sua alma.

A linguagem que você usa para criar sua declaração de intenção tem importância nesse caso. Muitos professores espirituais pedem que você use tempos presentes ("eu sou") ou passados ("eu era"), o que posicionaria seu cérebro para processar sua intenção. Diz-se que, se você sentir emoção suficiente ao declarar sua intenção e/ou imaginar como ela será, seu cérebro não saberá a diferença entre um evento que ocorre agora e o que você está criando para o futuro apenas pelo pensamento emocional — e isso o encorajará a se concretizar. Na Authentic Living, não endossamos essa linha de pensamento. Você não pode enganar seu cérebro, nem suas emoções, e fazê-lo acreditar que algo está acontecendo quando claramente não está; sua mente é inteligente demais para isso. Começar uma intenção dizendo que "está pronto", ou pedindo ajuda a Deus, ressoa mais profundamente com a mente, pois não há uma energia que se oponha. É aí que sua mente entra em ação.

Depois de estabelecer sua intenção, eu gostaria que você meditasse sobre sua declaração e, para ajudar a manifestá-la na realidade, imagine-se usando seu dom em vários ambientes — com o máximo de sentidos que puder. É também uma boa ideia abafar todas as informações sensoriais externas ou meditar com músicas que toquem você e correspondam às emoções que você sentiria ao usar seu dom e realizar seu propósito de trabalho. Ao pensar no serviço que você prestará, ele pode variar em tamanho e alcance, então o melhor pode ser começar com uma pequena visão e, à medida que o tempo e sua vibração mudarem, ampliar para outro objetivo e depois outro. Seu dom e seu trabalho vão se ajustar e evoluir, assim como você.

Após meditar, você confiará fortemente em sua intuição sobre quais devem ser os próximos passos para praticar seu dom. Trabalhar com seu dom é como fortalecer um músculo energético — leva tempo para adquirir força e consistência. Algumas pessoas podem estar prontas para começar a praticar logo de cara, outras podem requerer mais orientações. Seja como for, sugiro que você passe pelo menos uma semana em meditação, aumente seu autocuidado (exercícios, massagens) e preste atenção em seus sonhos — tudo com a intenção de receber informações sobre como usar seu dom. Se você sentir o impulso de começar a experimentar, teste suas habilidades em amigos, familiares e animais de estimação, que não vão criticar ou julgar muito seu progresso. Pode também encontrar um professor particular para orientá-lo, buscar livros que toquem você, visitar lojas de cristais e conversar o máximo que puder com pessoas espiritualizadas. Na *AuthenticLiving.com*, oferecemos vários cursos que ajudam você a aprimorar seus dons e ir em busca de seu propósito de trabalho. Peça a Deus sinais que validem ou orientem você sobre como praticar seus dons e então siga quaisquer pistas que aparecerem. Por ter aceitado seu dom e o universo ter ouvido sua intenção, acredite que os professores e as oportunidades certos cruzarão seu caminho.

No dia 15, o último de sua desintoxicação, dê um passo ousado em direção à busca de seu propósito. Assim como você refletiu sobre temas que, em seu passado, lhe indicavam seu dom espiritual, eu gostaria que você fizesse o mesmo ao refletir sobre seu propósito de trabalho correto. Que atividades e tipos de pessoas já lhe trazem realização, gratificação e paz? Você ama ajudar os animais? Você se sente à vontade trabalhando com crianças ou idosos? Você é mais feliz quando escreve ou faz trabalhos artísticos? O mais incrível quanto ao propósito de trabalho é que, embora você possa usá-lo para se tornar um grande agente de cura ou um renomado canalizador que escreve livros e palestras para milhares de pessoas, ele não exige que se faça algo que seja "grande" aos olhos dos outros. Você pode praticá-lo dentro de sua família, em sua comunidade ou em seu trabalho. Controlar as condições do tempo durante as férias em família é uma coisa incrível!

Durante o último dia de desintoxicação, afaste seus pensamentos de alta energia deste *brainstorm* e transforme-os em ações de frequência elevada. Entre em contato com um *webdesigner*, esboce seus próximos passos, faça uma lista de parcerias, compre uma escrivaninha nova — basicamente, quero que você comece a fazer coisas que se alinhem com suas intenções, uma vez que este é um novo capítulo de sua vida. Você pode se sentir atraído a editar sua lista de tarefas diárias, em vez de agir com base nas escolhas que parecem certas para sua alma. Também pode se sentir inspirado a deixar seu emprego ou atuar como assistente até criar confiança suficiente para trabalhar com seu dom em tempo integral. Não importa o modo como você comece: seu propósito de trabalho não precisa tomar conta de toda a sua vida. Se você realmente gosta de seu emprego, pode integrar seu dom a ele ou usar seu coração aberto e sua alta vibração para tocar a vida de desconhecidos em uma casa de repouso ou na rua. Tudo depende de você. Uma vez que estabeleça uma intenção em alta frequência, uma ação alinhada consolidará seus dons em qualquer contexto. Você não precisa mergulhar de cabeça, mas Deus está lhe dizendo para pelo menos chapinhar na água rasa.

COLOQUE A MÃO NA MASSA

Para aperfeiçoar meu dom, pratiquei minhas habilidades em diferentes ambientes e com várias pessoas — colegas de trabalho, desconhecidos em conferências, minha família durante as férias e alguns mentores ao longo dos anos. Isso fortaleceu minhas habilidades e deu dicas de ambientes onde eu me sentiria mais confortável para atuar (ambientes corporativos, grandes plateias, reuniões íntimas, sessões individuais...). Sugiro que você faça o mesmo! Além disso, lembre-se de *que sua intuição já sabe como fazer isso*. Você não está aprendendo uma habilidade a partir do zero, mas atualizando algo que sua alma aprendeu antes de encarnar. Desapegue de como você acha que seu dom deve agir ou parecer. Você recebeu uma infusão energética de Deus — não dá para ficar mais perfeito do que isso.

Portanto, não abra seu próprio negócio, não cobre por consultas nem imprima cartões de visita até saber que seu dom está lapidado, que você está pronto para servir e emocionalmente preparado para "apresentar" sua capacidade ao mundo. Uma vez que se espalhe a notícia de que você pode curar, canalizar, acessar os Registros Akáshicos, conversar com pessoas mortas ou ler o futuro de um desconhecido, sua agenda ficará lotada — depressa! Eis algumas ideias para alimentar sua energia de vibração elevada e inspirar sua jornada espiritual durante esse período.

- Viaje para um lugar espiritualmente inspirador, como Sedona ou Costa Rica.
- Passe um dia inteiro seguindo apenas as instruções da sua intuição (é divertido!).
- Visite alguma loja esotérica e passe algum tempo em companhia do dono e de outros clientes.
- Peça a seus mentores sugestões de cristais e livros.
- Encontre meditações *on-line* que se alinhem com seu dom e seu propósito de trabalho.
- Crie uma *playlist* de músicas que alegrem e toquem seu coração.
- Assista a cursos especificamente voltados para o aperfeiçoamento de seu dom.
- Comece a formar uma comunidade espiritual com os mesmos ideais que você. É algo crucial para apoio e orientação.

O PROPÓSITO DE TRABALHO EM AÇÃO

Fazer algo tão importante quanto dedicar-se ao propósito de sua alma pode parecer um pouco pesado ou intimidante no início. Eu sei. Mas não desanime, pois este é o trabalho que durante toda a sua vida você estava destinado a fazer. E, como já discutimos, ele pode assumir qualquer forma e qualquer tamanho para se adequar a você. Seja criativo!

Ao usar seu dom em um nível local, você tem a capacidade de tocar mais vidas do que imagina. Minha cliente Maurine, que tem habilidades psíquicas, usou-as para se tornar uma "encantadora de animais" em sua comunidade. Depois de fazer um *workshop* presencial, ela começou a se comunicar no âmbito telepático com todo tipo de animal de estimação para ajudar seus donos a resolver questões de saúde e comportamentais curiosas. Ela descobriu que acomodar esse dom ao trabalho que já exercia era extremamente gratificante. Outra cliente trabalhava como dentista em uma cidade pequena e usava seu dom de transmutadora para acalmar a energia de seus pacientes quando estavam em sua cadeira odontológica. Uma outra participante de meus *workshops*, que era mãe e dona de casa, destravou sua capacidade de acessar os Registros Akáshicos. À época, seus filhos tinham problemas comportamentais incomuns, mas com essa nova percepção foi capaz de reconhecer que as ações deles indicavam várias necessidades e dons espirituais. Ela agora sabe como agir com a ansiedade e a hiperatividade deles, pois tem acesso a técnicas de desintoxicação. Também sabe que a afinidade deles com "amigos imaginários" está relacionada com habilidades psíquicas, pois foi o que os Registros lhe disseram. Por fim, a mãe soube que a natureza selvagem e apreciadora do ar livre de seus filhos é um ato de limpeza energética e de programação natural, pois ela aprendeu isso durante o tempo que passamos juntos. Isso possibilitou que ela apoiasse e ajudasse seus filhos a crescer, de maneiras novas e inventivas nas quais nunca havia pensado.

Em uma escala maior, realmente adorei trabalhar de forma particular com a esposa de um palestrante motivacional muito famoso. O objetivo dela era sentir-se mais conectada espiritualmente com o universo e otimizar seus próprios dons espetaculares. Quando chegamos ao dia 13 de sua desintoxicação, eu a ajudei a ativar seus dons como canalizadora e projetora. Embora tenha trabalhado com seu marido, principalmente nos bastidores, antes de trabalhar comigo, depois do nosso treinamento ela começou a fazer aparições ao lado dele no palco. Ela agora conduz bênçãos, meditações e palestras inspiradoras durante as apresentações do marido, sempre com lotação esgotada. Além disso, agora se sente menos esgotada ao trabalhar com seus próprios clientes e ainda tem energia para ajudar desconhecidos aleatórios, uma vez que encontra sua inspiração no universo.

Ao longo dos anos, e com a ajuda de leitores akáshicos, aprendi que o propósito de trabalho de uma pessoa pode estar ligado a lições que ela sente que deve aprender neste plano. Tais lições apontam diretamente para seu propósito ou o enfatizam de alguma maneira. Por exemplo, se você acha que sua lição é superar o abandono, pode optar por aprender essa lição usando seu dom para iniciar um grupo de apoio que aconselha de forma acolhedora mulheres divorciadas. Se você desconfia de que sua lição é superar a insegurança, pode atuar sob condições que o forçam a sair de sua zona de conforto.

Também notei que o trabalho executado com mais paixão deriva da necessidade de curar o tipo de dor provocada por situações que ferem *você* mesmo. Se você já passou por algum problema sério de saúde e é um agente de cura, pode ser gratificante ao extremo trabalhar com clientes que têm doenças invisíveis e se sentem ignorados pelos médicos. Ou, se você sempre teve dificuldades nos relacionamentos amorosos e lê os Registros Akáshicos, talvez queira servir àqueles que anseiam por uma alma gêmea. Ao amar os outros através de uma dor com a qual se identifica, está trabalhando com o *chakra* cardíaco de maneira íntima e miraculosa.

SERVIR AO PRÓXIMO

Como você já sabe, o propósito de trabalho tem tudo a ver com servir aos outros. Ele deve satisfazer sua alma, mas também curar você mesmo, os outros e o mundo (nem sempre nesta ordem). Eu considero que você está servindo ao próximo toda vez que sua ação tem um efeito positivo sobre outra pessoa que não você. O propósito de trabalho deve ser um farol de positividade que irá afetar os outros da melhor maneira possível. E, ao prestar serviço aos outros, você presta serviço a sua própria energia, pois faz com que ela se eleve. Dessa forma, servir ao próximo é um ato de duplo efeito e profundamente impactante.

Em um nível mais global, o serviço ao próximo importa porque o universo nos chama a alimentar uma consciência coletiva e a vibração do mundo com a energia de amor. Cada ser, em cada planeta, está energeticamente conectado. Se você inspirar, curar ou ajudar um membro de sua família, essa pessoa não apenas se sentirá melhor, mas sua energia revigorada afetará a próxima pessoa com quem se encontrar. Esse efeito cascata não apenas eleva as frequências na Terra, mas contribui para uma vibração maior que faz o mundo girar.

Mesmo que não esteja servindo ao próximo de modo formal, você pode estar servindo no dia a dia, com bondade, humildade, generosidade e amor para com a humanidade como um todo. Uma amiga da família, chamada Sarah, contou ter tido uma infância difícil. Sua mãe, sozinha e alcoólica, gastou com o vício o pouco dinheiro que tinham e, em seguida, abandonou Sarah e os dois irmãos quando esta tinha 7 anos. As crianças foram para o acolhimento e ficaram pulando de uma casa para outra. É compreensível que a perspectiva de Sarah fosse sombria e ela perdesse a fé na humanidade. No entanto, quando Sarah fez 9 anos, isso mudou — e em um shopping, imagine só.

Certa tarde, enquanto sua mãe de acolhimento fazia compras, Sarah ficou olhando desolada para um carrossel, no qual desejava desesperadamente dar uma volta, sem ter dinheiro para isso. Como se fosse algo combinado, um desconhecido que passava foi até a máquina de moedas, colocou um punhado delas em sua fenda e foi embora — tudo sem dizer uma palavra. Ele fez isso sem nenhum alarde, mas Sarah disse que o gesto *mudou sua vida*. Sempre que enfrenta um desafio (e já passou por muitos, inclusive doenças crônicas, um marido falecido e um assalto a mão armada), Sarah se lembra de seu anjo do carrossel. A gentileza dele lembra a Sarah que existe bondade no mundo quando ela tem a fé e a paciência para enxergá-la.

Servir ao próximo é uma prática para toda a vida, que requer um compromisso profundo e amoroso, não importa o modo como você escolha expressar seus dons e seu coração. Saiba que, à medida que sua frequência se eleva e suas habilidades crescem, a forma como você presta serviço ao próximo também mudará. Aproveite ao máximo a descoberta de habilidades e oportunidades que aparecem em cada nível vibracional. Siga os sinais e sincronicidades de Deus enquanto sobe a escada espiritual. Você será guiado para um trabalho que corresponda à sua energia, naquele momento.

FAÇA TUDO DE FORMA LEVE

Sabendo que as emoções positivas elevam sua frequência e alimentam seu dom, tente praticar suas habilidades e servir aos outros com o máximo de alegria e diversão possível. O serviço ao próximo pode parecer pesado quando se relaciona com luto, morte ou doenças assustadoras. Portanto, tente achar um equilíbrio entre a profundidade de seu trabalho e a necessidade de leveza de sua alma. Além disso, quando você começa a usar seu dom e a se expandir para fora da zona de conforto, suas responsabilidades podem lhe parecer pesadas ou assustadoras. Assim, é duplamente importante manter sua frequência elevada e leve, pois você só pode preencher os outros se já estiver cheio antes.

Manter uma frequência elevada é também um convite a mais mensagens de Deus. Quando está em uma vibração baixa, você não percebe todos os sinais e sincronicidades; uma mente sobrecarregada e distraída reduz sua consciência quanto ao que acontece dentro de si e à sua volta. No entanto, quando você está em uma vibração mais elevada, a consciência abre-se como uma flor. Ao realizar as primeiras sessões com os outros, tão difíceis, é fundamental recarregar as energias depois, para que você se sinta revigorado e aberto à sabedoria divina.

A gratidão é outra emoção que o mantém em vibração elevada enquanto pratica seus dons e seu propósito de trabalho. Ah, como os professores espirituais adoram ressaltar a gratidão! E, embora eu não queira subestimar a importância de ser humilde e grato por seu poder superior, não creio que seja essencial sentir gratidão *o tempo todo*. A vida é dura, meu amigo. Os desafios que enfrentamos neste planeta podem realmente nos derrubar. No entanto, se você puder manter um rodízio de outras emoções vibracionais elevadas — por exemplo, crescimento, criação e possibilidade —, essas forças motrizes podem igualmente alimentar sua frequência. Quando expresso gratidão, percebo que ela será mais poderosa se eu a associar ao amor. Mas a gratidão não impulsiona naturalmente nem a mim nem o meu dom. Acho que nosso corpo humano anseia por alegria, curiosidade e descontração — que têm uma vibração tão elevada quanto a gratidão. A emoção impulsiona a energia — e, portanto, qualquer sentimento que seja elevado, leve e infundido com amor irá impulsionar sua energia.

Outro aspecto importante que mantém você energeticamente equipado para utilizar seus dons e servir ao próximo é continuar mantendo sob controle os bloqueios antigos e novos. Quando estava começando a trabalhar com meus dons, voltei a Sedona muitas vezes para desmanchar, aos poucos, bloqueios antigos e resistentes que só eram acessíveis com certas vibrações. Durante esse processo, também limpei e curei novos bloqueios. Tenha isso em mente à medida que avança. Nunca chegará o dia em que se estará livre de todos os bloqueios, pois você vive em um mundo que o desafia o tempo todo — não importa quão elevada seja sua frequência. Você está aqui na Terra para aprender, amar e servir ao próximo de uma maneira que seja autêntica e que eleve sua vibração e também a frequência dos outros. Às vezes, as lições não são divertidas, mas precisamos aprender a lidar com as consequências.

Em resumo, não há limites para o quão incrível você pode se sentir, o quão elevada sua vibração pode ser e o quão vastos podem ser seu dom e seu propósito. Entretanto, quando estiver voando alto, saiba: a sensação de crescer pode parecer tão boa que você vai se sentir tentado a cair na armadilha do ego — e isso, *com certeza*, vai calar ou até matar seu dom. Já vi isso acontecer com muitos intuitivos famosos, cujos dons os levaram à fama e à fortuna. Foi aí que o ego deles entrou em ação, e Deus retirou-lhes as habilidades e colocou-os em seu devido lugar. Quando você usa seu dom com o propósito de conseguir *status*, dinheiro e atenção, tais forças motivadoras vão ter mais força que a bela intenção original de servir aos outros com humildade. A modéstia é um dos pilares do serviço ao próximo, pois o ato de servir é altruísta. Há dias em que sirvo ao próximo com meus dons, e isso parece o certo. Tento memorizar esse sentimento respeitoso em minha mente e em meu corpo, e repeti-lo na vez seguinte em que estiver atendendo, para que meu ego nunca atrapalhe.

MAIS RECURSOS E *DOWNLOADS* GRATUITOS
Criei uma meditação transformadora chamada "Eu superior e propósito", concebida para ajudá-lo a acessar seu eu superior e a experimentar suas frequências mais elevadas, de modo a ser capaz de começar a descobrir e a assumir seu propósito de trabalho. Baixe-a (em inglês) gratuitamente em: *www.SpiritualActivator.com/purpose*.

POSFÁCIO

ESPALHE AS BÊNÇÃOS

Parabéns, meu amigo! Você terminou oficialmente sua desintoxicação de quinze dias! Como se sente? Posso dizer, por experiência própria, que essa limpeza deve ter feito seu corpo, sua mente e seu campo de energia parecerem novos. Seus dons foram ativados, e você está no caminho para servir aos outros com seu propósito de trabalho. Considere este como um novo começo, uma reviravolta energética. Você deve estar se sentindo lúcido, com o espírito leve e motivado a mudar vidas, para o bem maior de todos. Também está percebendo como é diferente viver com energia pura, e não com um campo todo confuso. Agora, você consegue sentir quando você ou os outros estão espalhando toxinas e dispõe de ferramentas para eliminá-las e manter uma vibração elevada para sentir-se em seu melhor e fazer seu melhor.

Assim, espalhe sua luz e conte a todos como sua vida mudou! Saiba também que, caso se sinta "desligado", ou seus dons pareçam enferrujados, você pode repetir a desintoxicação. Sem vergonha nenhuma. Aceite o fato de que você se esforçou incrivelmente durante este programa e merece cada grama de felicidade e abundância que seu campo agora atraia. Você tem o potencial ilimitado de encontrar prazer dentro de si mesmo e de trazer alegria aos outros. Que maneira deslumbrante de viver!

Ao continuar praticando e servindo aos outros com todo o seu coração, lembre-se também disto: *a luz que está dentro de você é a solução para as trevas à sua volta*. Não importa o que aconteça ao seu redor: sua luz brilhará quando você utilizar seus dons, seu serviço ao outro e seu amor durante situações assustadoras. Você constitui uma força ilimitada para o bem e para a mudança neste planeta. Não irá mais permitir que os outros lhe afetem negativamente, porque agora sua luz é mais brilhante que a deles. É esse o poder de uma desintoxicação.

UM CONVITE ESPECIAL

JUNTE-SE À FAMÍLIA DE ALMA DA CURA ENERGÉTICA

Sei como é sentir-se sozinho neste mundo. Sentir que é diferente ou que não se encaixa. Ter de guardar para si suas ideias e sua verdade, por medo de ser julgado ou rejeitado pelos outros. A verdade é que você não está sozinho. Há pessoas como você que estão em uma jornada espiritual para se encontrar e compreender o significado e o propósito da vida nos níveis mais profundos. Almas especiais que buscam mais clareza, paz, liberdade, realização, propósito, abundância e bem-estar em suas vidas. Pessoas que não querem se acomodar e acreditam que as coisas podem ser melhores — e que elas serão.

Foi por esse motivo que criei a Família de Alma da Cura Energética. É uma comunidade solidária, amorosa e orientada para o crescimento, com membros de todo o mundo que se uniram para elevar em conjunto a vibração deste planeta. É o lugar para continuar aprendendo mais sobre energia, seus próprios dons espirituais e seu propósito aqui na Terra. Criei tal espaço com a intenção de que fosse uma comunidade onde os membros pudessem ajudar uns aos outros, tornar-se responsáveis uns pelos outros, expor suas opiniões sobre os ensinamentos deste livro, mostrar seu amor pelos outros e elevar-se mutuamente com o poder do conhecimento aqui contidos, entre outros. Eu sabia que seria um lugar incrível para você ser visto, ser ouvido, aprender, crescer, curar, desbloquear seu potencial inexplorado e retribuir.

Basta ir até *spiritualactivator.com/family* e pedir para participar e partilhar suas intenções com pessoas que podem já ter lido o livro, estar lendo, estar relendo ou, como você, apenas começando! Sou conhecido por criar algumas das comunidades mais solidárias, livres de julgamento e mágicas das redes sociais. E estarei lá, com minha equipe incrível, postando, respondendo a perguntas e, muitas vezes, aparecendo ao vivo para dar-lhe apoio, não apenas quanto às lições deste livro, mas quanto a um novo modo de vida. Não vejo a hora de ler seu primeiro *post*!

Com amor,
Oliver

AGRADECIMENTOS

Gostaria de agradecer a todos que contribuíram para este livro e para minha capacidade de transmitir a mensagem dele ao mundo. Escrevê-lo tem sido um dos maiores presentes da vida, e só posso esperar que estas informações mudem sua vida da melhor maneira.

A Christel Hughes e Nick Stojanovski, por abrirem meus olhos para a energia e a espiritualidade.

A Amma (Sri Mata Amritanandamayi Devi): você é a personificação do amor puro e incondicional neste planeta.

A Reid Tracy, Patty Gift, Melody Guy e Lindsay McGinty, da Hay House: obrigado por acreditarem em meu trabalho. Todos vocês foram muito solícitos e amorosos a cada passo do caminho.

A Kristina Grish, pelas incontáveis horas que passamos juntos tornando este livro uma realidade. Você é uma agente de cura natural.

A Laura Nolan, por ajudar a cuidar de todos os "detalhes" e tornar o processo de publicação tão eficiente que me possibilitou concentrar-me na criação deste livro.

A Mona Loring e todo o pessoal de relações públicas do Conscious Living: obrigado por me ajudar a divulgar minha mensagem.

A Tony e Sage Robbins, por abrirem caminho para o que é possível com o propósito de trabalho. É uma honra servir a vocês.

A Tim Kring: seu coração e seu desejo de impactar a consciência global são realmente raros. Seu trabalho tem sido uma grande inspiração desde o início, meu amigo.

A Gwyneth Paltrow: sua autenticidade, sua bondade e sua energia são dons inesgotáveis. Obrigado por todo seu apoio.

A Julianne Hough: você é uma luz brilhante neste mundo. Vê-la entrar na pista de dança da vida e assumir o controle dela tem sido algo incrível.

A Kim Richards, sinto-me feliz por tê-la conhecido. Você é uma luz brilhante neste mundo. Obrigado por todo o apoio.

A Sarah Hudson: as músicas que você escreve mudam e impactam muita gente. Sua vibração está elevando e despertando consciências, em um nível profundo. É uma honra conhecê-la.

A Donna Karan: seu profundo amor pela humanidade e suas missões para trazer a calma em tempos de caos são muito admiráveis. Obrigado por todo seu apoio.

A James e Kimberly Van Der Beek, por todos os momentos divertidos com as crianças e por todas as conversas produtivas sobre criação dos filhos e vida holística. Vocês, meus amigos, são a integridade em pessoa até os níveis mais profundos.

Profunda gratidão e admiração a Laura Dern; Kyle Richards; Demi Moore; Tallulah, Scout e Rumer Willis; Peggy Rometo; Gerard Butler; Lisa Bonet; Jenna Dewan; Stacy Keibler; Odette Anable; Tobie e Tony Gonzales; Lisa Garr; Blue & Bari — tenho profundo apreço por todos vocês.

A Mikki e Nadia: a bravura de vocês é admirável, e sua amizade inestimável. Aprendi muito ao longo dos anos.

A Marci Shimoff: você é uma joia neste mundo. A personificação ambulante do amor, da humildade, da bondade e do propósito.

A Nick e Alex Ortner: vocês estão mudando o mundo com o *tapping*. É uma honra conhecer agentes de mudança tão apaixonados pela humanidade.

À doutora Sue Morter: sua paixão por ajudar as pessoas a descobrir e usar o poder interior de cura é algo incrível de se ver.

A Christina Jimenez: sua paixão por proteger as crianças é algo pelo qual lhe serei eternamente grato. Você é uma "gladiadora moderna". Obrigado por tudo o que faz.

A Daniel Raphael: fico tão orgulhoso de você, irmão! Continue irradiando sua luz e mudando vidas.

A Peter Nguyen, irmão de alma no caminho, obrigado por toda sua orientação e seu amor. É divertido mudar o mundo juntos.

A Tracy Ahearn: sua orientação e suas mensagens nos ajudaram tremendamente.

A Anthony William, por todo seu apoio amoroso e por tudo o que você faz pela humanidade. VOCÊ é o sal da terra. Seu trabalho alcança muitas vidas, e sou abençoado por tê-lo na minha agenda de contatos do celular e em minha vida.

A Meleah Rae, por nos ajudar, com seu gênio operacional, a tornar realidade nossa visão. Nossa missão não estaria onde está hoje sem sua ajuda.

A Nicole Doyle: você coloca amor na comida e em tudo o que faz. Temos a sorte de tê-la como nossa *chef*, herborista, confidente, estilista e amiga. E Jason, meu irmão, meu rei vegetariano, estou empolgado por tudo o que está acontecendo este ano.

AGRADECIMENTOS

A Fatou, Stephanie, Kat e todos os meus instrutores do Geo Love, que me ajudam a levar luz e amor às almas que mais precisam. Ver vocês assumirem seu propósito e desbravarem o desconhecido junto comigo tem sido um prazer.

A Kathy, Wayne, Chuck, Jess, Jenn, Candice, Yvonne, Den, Honey, Juan, Wendy, Elle, Matt, Doug, Sean e a equipe que mantém o Geo Love Healing em movimento. Obrigado do fundo do meu coração.

A Chris De Vera, por estar ao meu lado nos melhores e nos piores momentos.

A Mandy, meu amor: eu não estaria aqui irradiando minha luz e assumindo meu propósito sem seu incentivo amoroso e seu apoio incondicional. Você devolveu minha fé na humanidade.

A Vian, por trazer a este mundo uma personificação da frequência amorosa.

À mamãe, por ser um pilar de força e personificação do amor em nossa família.

Ao papai, por me ensinar a importância da perseverança, da resiliência e da fé.

A Pia, Elaine, Liezl e Claudine, por serem as melhores irmãs com que qualquer irmão poderia sonhar. Cada uma de vocês tem uma chave única para o meu coração.

A Bradyon, meu primogênito. Sou abençoado por ser seu pai. Conhecer você é amá-lo. Estou muito orgulhoso de você. E a Zion: vê-lo crescer diariamente é a maior alegria da vida.

À minha família Geo Love, por me ajudar a espalhar mais luz no mundo e por confiar em mim durante sua jornada espiritual.

A Deus, aos arcanjos, aos guias de nível superior e aos seres de amor e luz que me guiaram em minha jornada espiritual até hoje,

Amo todos vocês.

SOBRE O AUTOR

Oliver Niño — empreendedor, agente de cura energética e especialista em ativação espiritual — é o criador da Geo Love Healing, empresa *on-line* destinada a ajudar as pessoas a dominar sua energia, desbloquear a si mesmas e se tornar agente de cura. Já realizou mais de 20 mil sessões de cura individuais, fez  curas em grupo com mais de 6 mil pessoas ao mesmo tempo e treinou mais de 2 milhões de alunos em mais de 60 países com sua metodologia de cura energética. Especialista em cura energética altamente reconhecido, Oliver e sua equipe reuniram seguidores leais no mundo todo, inclusive clientes famosos como Gwyneth Paltrow, Demi Moore, Gerard Butler, Laura Dern, Nina Dobrev, Jules Hough, James Van Der Beek e Tony Robbins.

Para saber mais sobre Oliver e seu trabalho, visite:
www.spiritualactivator.com

Este livro foi impresso pela Rettec Artes Gráficas e Editora
em fonte Minion Pro sobre papel Pólen Bold 90 g/m²
para a Mantra no verão de 2024.